▶ 任英杰 著

面向理解的学习设计

暨南大学出版社
JINAN UNIVERSITY PRESS

中国·广州

图书在版编目（CIP）数据

面向理解的学习设计 / 任英杰著 . —广州：暨南大学出版社，2022. 12
ISBN 978 - 7 - 5668 - 3446 - 1

Ⅰ . ①面… Ⅱ . ①任… Ⅲ . ①课程设计 Ⅳ . ①G423

中国版本图书馆 CIP 数据核字（2022）第 113422 号

面向理解的学习设计
MIANXIANG LIJIE DE XUEXI SHEJI
著　者：任英杰

··

出 版 人：张晋升
责任编辑：付有明　张馨予
责任校对：苏　洁
责任印制：周一丹　郑玉婷

出版发行：暨南大学出版社（511443）
电　　话：总编室（8620）37332601
　　　　　营销部（8620）37332680　37332681　37332682　37332683
传　　真：（8620）37332660（办公室）　37332684（营销部）
网　　址：http：//www. jnupress. com
排　　版：广州良弓广告有限公司
印　　刷：广州市金骏彩色印务有限公司
开　　本：787mm×1092mm　1/16
印　　张：11. 75
字　　数：176 千
版　　次：2022 年 12 月第 1 版
印　　次：2022 年 12 月第 1 次
定　　价：49. 80 元

前　言

早在 2003 年，美国的 Mary Kalantzis 教授和 Bill Cope 博士就倡导开展"学习设计"项目，并提出学习设计的概念。关于学习设计，至今有两类研究方向：一是基于传统教学设计的理论和方法，重点关注在数字化学习环境中创新学习活动的设计，旨在满足 21 世纪人才培养的需要；二是基于学习科学的理论和方法，重点关注如何支持和促进教师由教学者、评价者向学习体验的设计者转变，特别关注如何支持教师开展对学习体验的设计、对学习过程的探究以及基于学习设计的合作与协作。近年来，学习设计的研究与实践已进入新的阶段，这两个研究方向也在走向交叉融合，研究者取得了一些共识，如：①学习者通过积极参与活动来学习，会取得更好的学习效果。"活动"是学习设计的重要载体，包括课堂讨论、小组讨论，问题解决，角色扮演等，而学习设计的目的之一就是要拓展可用于支持数字化学习的学习活动；②学习活动设计结构化，形成学习活动序列，将更有效地促进学习。这种排序包括不同教学活动的时间顺序和各种教学内容出现的先后顺序。从整体上来说，尽管学习设计的理念为我们描绘了一幅令人神往的蓝图，学习设计领域中的技术应用也取得了一些激动人心的成果，但是学习设计的研究与实践仍处于一个发展中的阶段。

在国内，学习设计的概念在 2006 年由曹晓明等提出，之后学习设计在概念和设计视角两个维度上经历了由"促进教学的设计"转变为"促进学习的设计"。最早的相关实践是上海市愉快教育研究所开展的教育部课题"新课改背景下小学学习设计的实践研究"的研究项目，这一项目为实现"为学而教"的理想，以变革课堂设计为突破口，建立了由设计、实施、评价构成的互动式网络，形成了以学情分析为基础、学习目标为导向、学习任务为载体、导学设计为关键、学习评价为保障的"学习设计备课方案",并在实践中对其进行了检验。陈宇卿等(2010)在《为了学习者的学而教》一书中总结指出:"随着课程改革的发展,原来的教学设计要向学习设计进行转变,这样更有利于学生的发展。"随着学习科学、学习分析等领域的发展,特别是随着2019年"学习设计、技术与学习科学"国际研讨会在北京师范大学的召开,学习设计的研究在我国越来越受到重视,学习设计的研究与实践也进入了崭新的发展阶段,研究视角更是呈现了多元化的局面。

一般认为,学习设计是一系列有计划的教学设计行为,意在通过设计学习任务、学习活动,提供资源和认知工具,帮助学生实现特定情境下的既定学习目标(Lockyer & Daw-son,2011),其主要的理论基础是"学习科学理论"。学习科学理论建立在建构主义、认知科学、计算机科学、信息科学、脑科学和神经科学等学科理论和基础之上,以"人是如何学习的"为研究主题。学习科学对学习机制的理解早期集中在认知科学领域,代表性成果包括主动学习、建构学习等理论,这些理论已成为指导认知主义和建构主义课堂教学的理论基础。近年来,学习科学对学习机制的研究更多集中在脑科学、认知神经科学等领域,并已经有诸多关于人类学习本质的认识(Mayer,2017)。目前,学习科学研究衍生出两大分支:一是探究人类学习的本质,以更好地理解学生学习的认知过程和社会过程;二是基于对学习的理解,重新设计学生的学习环境,即探究如何通过机制、环境、教与学手段的重构与设计,帮助学生在真实的课堂学习环境中开展学习(Sawyer,2006)。前者延续学习科学传统的研究方向,后者为学习设计提供理论基础。以脑科学、认知神经科学为代表的学习科学近年发展势头强劲,并取得了有价值的研究成果,这些成果更加深入地揭示了人类学习的本质、机制与方法。

当前,学习设计的研究尝试系统地从模式视角开展实践,主要体现在以下三个方面。一是针对特定教学场景的学习设计模式,如Fishbowl学习设计模式用于模拟大规模在线课程中师生之间的亲密互动(War-burton & Mor,2015)。二是关注学习设计模式的可复制性和可扩展性。学习活动作为学习设计模式的主要载体,学习活动类型和序列的设计成为区分不同设计模式的关键特征。英国开放大学和香港大学的研究者尝试探索构建学习活动的分类框架，并通过不同学习活动的比重和序列，定义和区分不同学习设计模式（Rienties et al.，2015；Rienties et al.，2017；Law et al.，2017）。三是学习设计模式对学习的影响。已有研究表明，学习设计模式对学生学习的自我效能感有正向作用（刘红霞等，2017），学习设计模式能解释55%的学生的在线参与行为（Rienties et al.，2017），表现在以探究性、社会建构性学习活动为主的学习设计模式与学生在线参与时长呈正向关系（Rienties & Toetenel，2016）。

如今，学习设计的研究还关注学习分析技术，意在通过收集、分析学习者学习过程中产生的全过程数据，助力教师开展以数据为支撑的动态学习设计，指导教师和学生开展有效的教与学。随着学习分析研究的发展，越来越多的研究开始探索新的学习分析方法、技术和工具，多模态学习分析技术正成为研究热点，也为更全面、立体、深刻地刻画学习者的学习状态提供了可能。例如，通过眼动追踪技术观测学习者的信息识别和注意力变化；利用可穿戴设备分析学生学习过程中的行为和生理特征（Hu et al.，2019）等。一些研究者开始尝试应用系统科学的思路、大数据分析技术中的复杂网络分析方法来探究学习的规律。例如，应用复杂网络分析技术探究在线学习环境下集体注意力流动的模式和动态（Zhang et al.，2019）。也有研究者采用认知网络分析方法（Epistemic Network Analysis，ENA）整合质性和量化研究，通过分析推理技术，将杂乱无章的数据以可视化方式转换应用于交互式学习（黄志南等，2016）。"支持在线学习知识建构策略"与"知识可视化的方法和工具"的讨论文本是一种重要的在线学习数据，是在线学习知识建构研究的重要内容。卡耐基梅隆大学的卡洛琳·佩恩斯坦·罗泽（Carolyn Penstein Rose）教授团队开发的 DisCourseDB 工具，为优化数据表示形式提供了内在驱动方法，使自动化过程分析成为可能。这些研究展现了关于学习设计的新的理论视角、新的技术视角、新的证据视角和新的方法视角。

在对学习设计的相关研究进行综述的基础上，本书系统性地从关键概念、理论内涵、相关研究及实践案例等方面着重阐述如下议题：①学习设计概述；②知识的本质；③学习的本质；④学习与认知发展；⑤面向理解的深层学习；⑥学习分析；⑦迷思概念转变的学习；⑧认知支持；⑨联通主义下的学习；⑩基于设计的研究；⑪学习环境设计；⑫学科融合的学习设计；⑬文化嵌入与学习。

本书作为教育部规划基金课题"学习科学视域下深度学习机制及实践体系的探索与应用研究"（编号：19YJA880052）的研究成果，得到了该基金的资助，此外还得到暨南大学的大力支持。参与上述课题研究的人员主要是暨南大学和澳门城市大学的研究者。他们在搜集整理国内外相关研究和案例方面做出了努力，名单如下（按章节排序）：麦彦文、徐星蕾、林琳、吴迪、麦家明、甘雨萌、曹雅雪、卜祥云、刘铧鸿、郑馨怡、竺霖、李靓、黄荣、赵紫妍、马艺鸣、姜莉。本书在撰写过程中参考了大量相关研究者的观点与实践，这是本书写作的基础，在此一并表示感谢。

国外对学习设计的研究经历了学习设计初步发展期、快速发展期和全面发展期三个阶段；而国内的学习设计研究也经历了借鉴期、发展期和转型期三个时期。对学习设计的理论、实践、技术等研究主题的关注，国内外的研究者各有侧重，研究视角较为多元，涉及的领域众多。本书的撰写需要参考大量的文献，在文献的选择上，主要选取 Web of Science 核心数据库以及中国知网和 CSSCI 数据库。数据源虽有一定的代表性，但因为不同研究者采用的关键词的差异及研究视角的多样性，难免在文献覆盖面和针对性上稍显不足。

由于作者知识和专业水平有限，本书在内容及编排上难免存在错漏和欠妥之处，恳请广大读者及同行不吝批评指正。

任英杰

2022 年 3 月

目　录

第 **1** 章　**学习设计概述**

1.1 　概念及当前的研究视角

学习设计（learning design 或 design for learning）自 2000 年起就受到越来越多的关注。2003 年，美国的 Mary Kalantzis 教授和 Bill Cope 博士倡导开展"学习设计"项目，并提出学习设计的概念。我国的相关研究也从 21 世纪初开始。上海市愉快教育研究所开展的教育部课题"新课改背景下小学学习设计的实践研究"的研究项目，为实现"为学而教"的理想，以变革课堂设计为突破口，建立了由设计、实施、评价构成的互动式网络，形成了以学情分析为基础、学习目标为导向、学习任务为载体、导学设计为关键、学习评价为保障的"学习设计备课方案"，并在实践中对其进行了检验。随着 2019 年"学习设计、技术与学习科学"国际研讨会在北京师范大学召开，学习设计的研究与实践也进入了崭新的发展阶段，研究视角更是呈现了多元化的局面。

1.1.1 　学习设计的概念

学习设计的概念一直以来并不清晰，近几年常见的定义有：

（1）学习设计是一种方法。设计人员利用适当的资源和技术对学习活动或是干预方式进行设计（G. Conole，2013）。教师会收集较多的信息并以此决定如何设计学习活动和干预措施，这是其在教学信息的基础上有效利用适当的资源和技术进行学习设计。设计内容包括资源设计、个人学习活动设计和课程设计，设计的一个关键原则是使设计过程更明确和可共享。学习设计作为研究和开发的一个领域，包括收集经验证据来理解设计过程，以及开发一系列学习设计的资源、工具和活动。

（2）学习设计是一种由设计者基于明确的认识论和技术手段尝试集成特定的学习序列的方法体系（E. Dobozy，2013）。

（3）学习设计是为了在教学中更好更明确地利用技术促进学习活动而设计学习（规划、构建、排序）的过程（Hale，2016）。

（4）学习设计不同于教学设计，后者指向的是对教学材料的分析、设计、开发、实施、评价的系统过程，前者更关注如何将关于学习的理论与研究整合到对学习者学习体验的设计中，从而达成预期的学习目标（N. Law，2018）。

一般认为，学习设计是一系列有计划的教学设计行为，通过设计学习任务、学习活动、资源和认知工具，帮助学生实现特定情境下的既定学习目标（Lockyer & Daw-son，2011），其主要的理论基础是"学习科学理论"。因此，学习设计是从学生多样化的学习需求、认知能力和经验出发，设计学习任务框架，并以最合理的方式进行组织和呈现，使学生获得更好的学习体验和学习效果的行为。学习设计强调学习任务要与学习者的经验世界相联结，注重发挥学习者的主体性并增强其参与感，将有效的学习建立在学习者的知识、经验、兴趣、动机与信念之上，且在学习中实现知识迁移。总的来说，"学习设计"是一种复杂的整合过程，包括计划、设计、教学和学习活动实施等阶段（E. Dobozy & Cameron，2018），而学习设计的目的是在探索如何设计能够共享的教学和学习活动框架，使之具备反复使用和调整优化的潜力（郑兰琴等，2020）。

1.1.2　学习设计的理论支撑

自 21 世纪出现学习设计的概念后，该研究的理论基础或理念也有所不同，理论基础主要由两个分支组成：

一个分支主要基于传统教学设计的理论和方法，重点关注数字化学习环境中创新学习活动的设计（冯晓英等，2020）。而教育领域中被广泛接受的三种主要传统学习理论，即行为主义（behaviorism）学习理论、认知主义（cognitivism）学习理论和社会建构主义（social constructivism）学习理论，都在在线教育的设计和实施过程中起到了关键作用（杨天啸、雷静，2020）。

另一个分支则主要基于学习科学的理论和方法，重点关注如何支持和促进教师由教学者、评价者向学习体验的设计者转变，重点关注如何支持和促进教师开展对学习体验的设计、对学习过程的探究，以及基于学习设计的合作与协作（冯晓英等，2020）。这个分支的主要理论包括西蒙斯的联通主义学习理论、维果茨基的社会文化理论等（杨天啸、雷静，2020）。目前学习设计的研究与实践已进入新的阶段，这两个分支也在走向交叉融合。近年来，随着学习科学、学习分析等前沿热点的发展，学习设计重新成为教育技术领域的研究热点。如何打通学习科学、学习分析、学习技术等领域与学习设计的关系，不仅成为学习设计领域突破的关键，亦成为学习科学、学习设计、学习技术领域突破现有瓶颈的契机（冯晓英等，2020）。

除此之外，基于学习科学的理论和方法，重点关注如何支持和促进教师由教学者、评价者向学习体验的设计者转变，特别是支持教师开展对学习体验的设计、对学习过程的探究，以及基于学习设计的合作与协作。这体现在研究方向上就是三种视角的逐渐分化：一是从学习空间出发分析其对学习要素的支持，包括聚焦虚拟空间、物理空间和全空间的学习空间应用方式与方法、模式与模型、策略与范式、视角与层次等；二是从学习活动出发分析学习设计，包括以学习（者）为中心的学习活动内涵解读、教学变化、理论模式、实践逻辑等；三是从基础维度出发分析学习设计，如混合学习的结构等（景玉慧、沈书生，2022）。

与学习设计相关的另外两个较为重要的概念是体验式学习与交互式学习。体验式学习包含认知、情绪、意志等心理层面，也包括实践验证和应用等行为层面，这一过程离不开"身体"这一基础性要素的参与，这种参与绝非指身体只简单提供"载体"，而是身体和体验学习中的"知情意行"基本要素之间不可分割的关系，即"以身体之，以心验之"的身心融合。"交互式学习"是指由行为主体共同参与的交互式的知识产生、扩散及应用过程，是一种由行为主体共同参与知识转移、整合、应用和再创造的知识产生的过程（李垣等，2008）。因此，体验和交互是学习设计中经常考量的要素。

最后需要考虑的是学习设计中的"文化嵌入"，广义的文化是一个由社区成员持有并共享信念、价值观、目标、风俗和行为的整体或体系（陈蕙若等，2021），而"文化嵌入"就是将学习设计嵌入文化价值观之中，或者是基于特定地域空间和载体，引入新的文化主题借以提升学习内容的深度和学习意义的过程。

1.2 》 学习设计的模式

所谓学习设计的模式，是一种能够高效帮助教师设计学习的指引、提高设计输出的质和量的模式（Persico & Pozzi，2015）。根据冯晓英等（2020）研究者的整理，当前学习设计的模式研究主要体现在以下几方面：

（1）针对特定教学场景的学习设计。相关研究者关注探究式学习的模式设计，其中包含想象、调查、激励、形成概念化解决方案、形成原型化解决方案、评估和反思七个部分的内容，意在指导教师进行探究式学习设计。这个探究式学习设计的模式有助于学生及时反思学习中出现的问题，吸取经验以免下次再犯同样的错误（Mor & Mogilevsky，2013）。

（2）关注学习设计的模式的可复制性和可扩展性。学习活动作为学习设计的模式的主要载体，学习活动类型和序列的设计成为区分不同设计模式的关键特征，如英国开放大学和香港大学尝试探索构建学习活动的分类框架，并通过不同学习活动的比重和序列，定义和区分不同学习设计的模式（Rienties et al.，2015；Rienties et al.，2018；Law et al.，2017）。

（3）学习设计的模式对学习的影响。学习设计的模式被证明对于学生的行为和结果有一定的影响，如研究者 Rienties 等通过将 151 个模块的学习设计与学习环境的参与度、满意度、留存度等联系起来，检验其对学生行为和结果的具体影响（Rienties & Toetenel，2016）。研究发现，学习设计的模式对于学生学业自我效能水平的提升有一定的推动作用。

国内研究者（景玉慧、沈书生，2022）针对实践总结出"五维学习设计的运作模式"，其中的"五维"分别是：① "物"：构建学习发生所需的学习空间；② "人"：成就个人与社会建构的主体人；③ "事"：助力落实个体发展的活动序列；④ "境"：创设真实问题导向的学习情境；⑤ "脉"：共构有序活动生发的知能逻辑。他们提出了如图1－1所示的基于学习设计的学习空间助力路径。

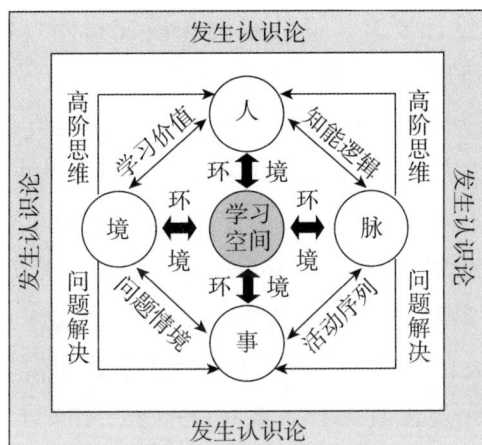

图1－1　基于发生认识论和学习设计的学习空间助力路径

另外，相关研究者特别评估了自 2007 年实施的开放大学的学习设计（Open University Learning Design，OULD），这是由 JISC（Joint Information Systems Committee，一家总部位于英国的非营利技术学习机构）和分布在英国各地的八所高校合作的教育项目，该项目提出一个领先的学习设计的模式（Nguyen et al.，2017；Rienties & Toetenel，2016；Toetenel & Rienties，2016a，2016b），该模式采用了一种模块设计方法，并在 5 年多的实践中不断进行优化和微调。现在整个开放大学系统都在应用学习设计过程最初采用的模块设计方法，并不断重新评估和更新现有模块。该方法特别关注学生在学习环境中的行为，以及设计选择如何影响学习行为和经验的问题。OULD 方法的应用核心是学习分类、学习活动和作业设计，采用此方法的学生均取得了较好的学习效果（J. Mittelmeier，D. Long，Firdevs Melis Cin，K. Reedy，A. Gunter，P. Raghuram & B. Rienties，2018）。

1.3　学习设计的工具与技术

设计开发是支持教师开展学习设计的平台，正成为当前学习设计领域的新热点（冯晓英等，2020）。一直以来，学习设计领域的研究者重点关注对教学前端，即教学设计环节的支持，着重探究两类功能表征：

第一，平台需要支持学习设计的过程与表征（Earp et al.，2013），包括设计流程、设计要素、设计案例和设计指南（Conole & Culver，2010）等支持教师开展设计的脚手架。

第二，学习设计将设计过程看作教师协作探究的过程（Mor & Mogilevsky，2013），因此平台需要支持教师共建、共享其设计过程与结果，以构建在线实践共同体（Persico & Pozzi，2015）。

有些机构开始尝试设计并开发可以满足以上两大功能的学习设计工具。目前已有的学习设计工具分两类：一类是具有教师设计和学生学习双重功能的学习设计工具，即同时支持学习的设计环节和实施环节的学习设计工具。这一类工具平台主要有 Moodle、Blackboard、Canvas 等，这些工具或网站的可访问性使得在线学习获得了极大的发展空间（陈蕙若等，2021）；另一类是仅支持教师开展设计的学习设计工具，意在帮助教师制订学习设计方案，最具代表性的工具是"学习设计工作室"和"学习设计者"。学习设计工作室是一个协作的、混合的、基于项目框架的以培训教师进行有效使用和循证使用的教育技术（Mor & Mogilevsky，2013）；而学习设计者是一个社区知识构建工具，支持教师创建、修改、发现、分享和复用学习设计，它支持教学社区合作，帮助教师设计和表达教学理念，在使用技术增强的学习环境中帮助学习者改善学习体验（Prieto L. P. et al.，2013）。

随着学习分析研究的发展，越来越多的研究者开始探索新的学习分析方法和技术工具，这些相关的技术和工具通过收集、分析学习者学习过程中产生的全过程数据，有效支撑教师开展动态学习设计，指导教师和学生进行有效的教与学。如维耶库马尔博士认为，技术在支持不同族群中的儿童识字发展方面具有不可忽视的力量。他带领着团队面向读、写、理解及教师专业发展等方面，建立起服务于结构化策略的智能导师系统（ITSS），服务于英语学习者的网上策略指导系统（SWELL），共同写作系统（WeWrite）和大规模开放在线虚拟学习系统（MOOV），它们共同构成了服务所有学习者的文化系统（Literacy for All），让广大教师和学生在使用该系统学习时，能够高度参与和相互互动，并让学生体会到所学内容的实用性，激发其内在的学习动机与学习兴趣（陈蕙若等，2020）。

1.4 　学习设计的实践

学习设计涉及的研究领域较为宽泛，目的是促进有效的学习，而经过设计的学习过程体现出深层学习（deep learning）的特点，其典型的实践包括体验式学习设计、交互式学习设计等，本节对学习设计的常见实践进行介绍。

1.4.1　体验式学习设计

大卫·库伯（David Kolb）是体验学习的创始人，他认为"学习是体验的转换和创造知识的过程"[①]，也就是说，在体验学习中，学习者将自身已有的知识和经验进行重新建构，这些知识和经验与新的体验、经验进行整合、归纳并转换为适合当下相关情境的知识和经验，学习者再从中提取知识、经验。体验学习强调个体在学习的过程中要与其所体验的活动或情境进行持续的互动，其内容包括以下四个方面：第一，体验学习表现在适应与学习的过程中，而不是表现在内容或结果上；第二，知识是一个转换的过程，是连续不断地创造与再创造，而不是可获得或可传递的独立过程；第三，学习转换的体验包括主观形态和客观形态两种体验；第四，要理解学习，就必须理解知识的本质是什么，反之亦然。库伯还认为体验学习具有以下六个特征[②]：①体验学习是一个学习过程，而非学习结果；②体验学习是以体验为基础的持续过程；③体验学习是在辩证对立的方式中解决冲突的过程；④体验学习是一个适应世界的完整过程；⑤体验学习是个体与环境之间交互作用的过程；⑥体验学习是一个创造知识的过程。综上，我们可以从库伯的观点中得出：体验学习是学习者在与环境的相互作用下理解知识、创造知识、转换知

[①]　库伯. 体验学习——让体验成为学习和发展的源泉 ［M］. 王灿明、朱水萍，译，上海：华东师范大学出版社，2008：33.

[②]　库伯. 体验学习——让体验成为学习和发展的源泉 ［M］. 王灿明、朱水萍，译，上海：华东师范大学出版社，2008：33.

识的一个适应世界的学习过程，而这个过程是持续的、持久的。

国内学者王灿明在《体验学习解读》中指出体验学习的内涵有以下五点：①体验学习并非知识本位的学习，而是指向学生人格的和谐发展；②体验学习并非"课堂教学"，而主要是一种"户外探险活动"；③体验学习并非就是"做中学"，而是一种"反思性学习"；④体验学习并非"个体学习"，而是一种"团队学习"；⑤体验学习并非"一次性"学习，而是一种"连续性"学习①。由此可见，体验学习是指学习者在实际生活中不断地学习、反思、再学习的学习方式，旨在促进学习者人格和谐发展。

不同于一般学习理论看重学习结果，体验式学习理论认为观念并非固定不变的元素，而是通过体验形成与发展的。在库尔特·勒温（Kurt Lewin）、约翰·杜威（John Dewey）、让·皮亚杰（Jean Piaget）的理论中，学习都被定义为过程，在这个过程中概念因体验而不断被获得与改变。经验的干预，从不会有相同的两种观念。学习是一个即时的过程，它的结果只代表历史记录，而非未来知识。心理学家杰罗姆·布鲁纳（Jerome Bruner）在其著作《教学理论探讨（*Toward a Theory of Instruction*)》（1966）中指出："学习是个过程，而非产物。"教育的目的在于激发学生在学习的过程中获得探索精神与技能，而非记忆大量知识。学习是植根于体验的连续过程，知识通过学习者的体验而不断受到检验。杜威认为体验的连续性是人类存在的真理，是学习理论的核心：体验的不间断原则意味着每个体验都是从已发生过的并通过某种方式改变接下来的体验特征的体验转化而来……当个体从某个情境转到另一情境时，他的世界、他的周围环境就扩大了或缩小了。他不会发现自己待在了另一个世界，而是意识到其身处同一个世界的不同部分或方面而已。在某一情境下他学到的东西会成为在之后情境中理解与有效处理问题的工具，该过程会持续一生，所以学习也一直持续②。

体验式学习需要辩证思维的能力，学习者需要持续选择一组能力用

---

① 王灿明. 体验学习解读［J］. 全球教育展望，2005（12）：14－18.

② Dewey J. Experience and education［M］. New York：Collier Books，1938：35－44.

于学习情境。在理解体验的过程中，一部分人会依赖感觉并使自己专注于具体现实，体验具体的、实际的、感觉得到的世界特点，从而感知新信息。另一部分人则通过符号表征或抽象概括的方式获取新信息，包括思考、分析与系统性计划等。同样地，在转化或处理体验的过程中，有的人会仔细观察处于体验之中的他人的表现并反思所发生的一切，而另一些人可能直接行动。观察者们喜好反思观察，而实践者们爱好积极体验。由于受到人类遗传的技能机制、过去的一些特定经验与当前情境下的要求的影响，个体会发展出一种选择偏好。学习的过程也就是处理具体与抽象、反思与应用之间的矛盾冲突的过程。

由此可见，教师引导的体验式学习可以看作当下较为科学的教学模式，学生不仅能够接受，还能在实践中逐渐适应陌生环境、掌握知识、感受学习过程，发挥主人翁意识积极参与学习（白光斌，2019）。体验式学习的代表人物是美国组织行为学教授大卫·库伯，他的理论建立在杜威的经验哲学、皮亚杰的认知发展观和勒温的体验学习模式基础之上，他认为体验式学习包含四个阶段，即具体体验、反思观察、抽象概念和主动实践（杨连生等，2020），这些观点对体验学习的实施起到了很好的指引作用。

1.4.2　交互式学习设计

通常来说，交互式学习，是指学习者通过交互活动达到学习目的的过程，教师作为组织者和促进者，帮助学生解决交互活动中遇到的问题；学生通过不断的交互活动，聆听他人的见解，表达自己的观点，产生思维的火花。与传统的面授课堂相比，交互式学习更注重增强学习的氛围，促进师生、学生间的合作与交流（陈明选、杨婧，2017）。简而言之，交互式学习在教学活动中合理运用多样化的教学方式，使教师成为学习的带头者，充分发挥教师的引导、启发、监控教学过程的主导作用，积极调动学生学习的兴趣，在教师与学生之间形成交流互动的合作关系（付佳雯，2019）。国外的研究关注学生参与教学的课堂设置，限制了学生花在主动学习上的时间，这时交互式学习被当作一种让学生参与课堂，并丰富他们的学习经验的替代方法。整合互动学习活动有助于促进学生学习，提高学习效果（Munusamy & Osman，2019）。

　　交互式学习的理论支撑是社会互动理论，社会互动是在社会的相互作用下，人与人、人与群体、群体与群体等在心理和行为上相互影响的过程（Becker，1974）。社会互动理论最早由美国阿尔伯特·班杜拉（Albert Bandura）提出，他认为人的心理活动是个人、行为、环境三个因素之间相互作用的过程（2015）。还有研究者认为建构主义理论同样是交互式学习的理论基础，它强调学习者对知识的主动建构，知识的获得不再是由教师单一地传授，而是学习者在一定的学习情境中通过与他人的协作交流主动建构的。社会建构主义的思想主要表现在情境性、学习共同体、互动活动、反思四个方面（陈明选、杨婧，2017）。

　　山姆·郑（Sam Zheng）作了题为"利用人工智能实现智能化专业和技能培训"的特别演讲（2020）。DeepHow 的技术核心是一个名为 Stephanie 的人工智能系统，它可以帮助用户获取专家的专业技能知识并建立企业化知识库，进而帮助用户创建分步骤和交互式的操作视频，利用该技术可以提高工人技能培训的学习成效，有利于解决传统技能培训中专家不足、培训素材的制作费时和成本较高等问题（陈惠若等，2020）。这个系统是通过交互式学习的方式来进行的。

　　同时，随着互联网的飞速发展，学生的学习环境发生迁移。关于如何结合当下新媒体技术实现线上交互式学习，严炜炜等人在《基于网络视频的用户交互式持续学习行为影响因素研究》中提出了交互式持续学习行为影响因素理论模型，指出个体因素、课程因素和教师因素能够影响学习者的交互行为因素，从而影响用户满足感，并进一步影响交互式持续学习行为；此外，学习者的个体特征也会影响交互行为因素，从而影响用户满足感，且教师的授课风格会直接影响交互式持续学习行为。

1.5　学习设计的发展

　　学习设计的未来发展可以从以下三个视角来看待：

　　（1）新的理论视角：主要是以学习科学作为学习设计的理论支撑。学习科学是一个跨学科的领域，主要研究如何支持和促进人的学习活动。神经科学、认知科学、教学设计、数据分析、人类学、语言学、计算机科学、心理学、教育的经验和理论构成该学科的理论基础。

（2）新的证据视角：主要是以学习分析作为学习设计的数据支撑，要清楚地知道学习设计与学习分析之间的关系。国内研究者通过研究大学生学业自我效能，归纳出了两者的关系模型（刘红霞等，2017），具体表现为：①学习分析的结果为学习设计提供依据；②学习设计为学习分析提供支撑性理论框架；③学习分析支持学习设计的修正；④学习分析验证学习设计的研究假设、评估学习设计的有效性。国外研究者运用学习分析来揭示学习设计与自主学习的关系。因为现阶段学习设计盛行，学习者应该有效利用网络进行学习，这就需要通过学习分析来观察其学习的有效性（Fan & Matcha，2021）。

（3）新的方法视角：主要是以"基于设计的研究"和研究—实践伙伴关系（research—practice partnerships）作为学习设计的研究范式支撑。学习设计作为教育理论与实践之间的桥梁，更注重理论与实践的结合，尤其在单一主体的学校教育向多元主体参与的教育生态系统演变的时代背景下，学习设计的研究范式正经历着两个转变（冯晓英等，2020）：

第一次转变是由传统教育研究范式向基于设计的研究范式转变。基于设计的研究更适合于教育研究，因为它能推进现有的理论或发展新的理论，以支持和引导对学习的深层理解，而且它通常与在技术增强的学习环境中进行研究有关（Kennedy-Clark，2013）。

第二次转变是由基于设计的研究向研究—实践伙伴关系转变。研究—实践伙伴关系，被定义为研究人员与实践人员之间开展长期合作，其目的不是弥合现有理论的差距，而是关注实践问题，关注实践者面临的困境和挑战，旨在探索不同真实场景下的实践难题（Coburn & Penuel，2016）。

学习设计的研究与实践也得到了快速的发展，国外研究者（J. Dalziel et al，2016）提到学习设计的 8 个应用领域，这些领域包含基础项目、对教育者采用新教学理念的建议、描述和分享特定的教学方法、采用现有技术实施学习设计、技术支持对教学和学习设计的反思、学习设计的社区和（或）知识库、与学习设计专业相关的资助项目和学习设计会议。

　　有一个实践是描述和分享特定的教学方法，分享的教学方法是角色扮演法。它是一种创新的、潜在有效的教学策略。在这种策略中，学习者扮演不同的角色，然后根据角色要求"执行"场景。关于学习设计的许多讨论都涉及角色扮演，例如 IMS 学习设计中的凡尔赛用例、AU-TC 学习设计项目中的六个角色扮演、EnRoLE 项目、COLLAGE 项目中的角色扮演模式等。一些非正式的角色扮演常出现在特定学科中，如练习语言学习中的对话或商业互动（如呼叫中心的对话）。然而，角色扮演通常会设定一个复杂的真实场景，学习者在其中扮演一个他们日常生活中不熟悉的角色，因此他们需要尝试从别人的角度看世界。这种"为他人着想"的品质是角色扮演作为一种教学策略最强大的优势，因为它可以帮助人们发展自我反思或元认知的技能。虽然角色扮演可能不适用于某些学科（如数学），但它们可以用于许多需要理解不同观点的学科。抛开选择角色扮演作为教学策略的基本原理（"为什么"），学习设计方法将寻求描述构成角色扮演体验的教学和学习活动的顺序（"是什么和如何"），这一实践的目的是为教育工作者提供足够的信息，复制这种教学和学习的经验。概括地说，角色扮演通常包括四个主要"阶段"：①场景和角色的描述；②为学习者分配角色，多个学习者通常被分配到不同角色，学习者为扮演好角色做准备，积极了解自己的角色，每个角色都可以私下讨论他们的想法；③角色扮演，所有的学习者都一起在设定的场景中扮演各自的角色；④角色扮演后的观点表达及讨论，学习者汇报自己扮演角色的经验并反思他们从"走进来"中学到了什么（J. Dalziel et al, 2016）。

　　另一个研究是职前教师使用学习设计的案例，这项研究对 190 名教师（分为实习教师和有经验的教师）的职前教学实践进行了分析和比较。这 190 名教师分为 3 组：一组来自澳大利亚诺特丹大学，另两组来自麦考瑞大学（这两所大学都位于澳大利亚的悉尼）。所有参与项目的职前教师在申请学校职位之前都熟悉了学习设计理念和教学方法。研究者用匿名的方式进行调查研究，主要向职前教师提出如下问题：①职前教师在教室里使用什么学习设计、教学方法和教学活动？②职前教师在学校实习时使用哪些最常见的学习设计、教学方法和教学活动？③你认为使用这些学习设计的好处是什么？④使用这些学习设计、教学方法的局限性是什么？项目还整理了一系列可以使教师能够明确地描述教育活动的概念和理论，以便教学实践可以被更好地分享和理解。研究结果表明，职前教师认识到了分享学习设计的好处，不过有经验的教师并不经常参与这类讨论（Cameron L. & Campbell C., 2013）。

参考文献

［1］阿尔伯特·班杜拉. 社会学习理论［M］. 陈欣银，李伯黍，译. 北京：中国人民大学出版社，2015：4.

［2］白光斌. 基于体验式学习视野下的体育教育模式研究［J］. 中国教育学刊，2019（A2）：55-56.

［3］陈蕙若，唐恒涛，钟琳，等. 基于文化的学习设计与研究——AECT2020年会综述［J］. 远程教育杂志，2021，39（1）：3-15.

［4］陈静静. 指向深度学习的高品质学习设计［J］. 教育发展研究，2020，40（4）：44-52.

［5］陈朝晖，王达诠，陈名第，等. 基于知识建构与交互学习的混合式教学模式研究与实践［J］. 中国大学教学，2018（8）：33-37.

［6］陈明选，杨婧. 手机直播支持下的交互式学习设计与应用研究［J］. 远程教育杂志，2017，35（6）：3-11.

［7］付佳雯. 基于交互式学习的专家系统的研究［J］. 网络安全技术与应用，2019（7）：109-110.

［8］冯晓英，王瑞雪，曹洁婷，等. 国内外学习科学、设计、技术研究前沿与趋势——2019“学习设计、技术与学习科学”国际研讨会述评［J］. 开发教育研究，2020，26（1）：21-27.

［9］景玉慧，沈书生. 以学习为中心：学习设计的结构与层次——以小学阶段为例［J］. 课程与教学，2022，43（1）：93-99.

［10］李垣，陈浩然，赵文红. 组织间学习、控制方式与自主创新关系研究——基于两种技术差异情景的比较分析［J］. 科学学研究，2008，26（1）：199-204.

［11］刘红霞，赵蔚，李士平. 学习分析视角下学习设计对大学生学业自我效能的影响研究——兼论学习设计与学习分析的一致性［J］. 现代远距离教育，2017（5）：58-65.

［12］孙晶. 文化力与作为一种非正式制度的文化［J］. 河北学刊，2004（2）：99-102.

［13］唐兴军，李定国．文化嵌入：新时代乡风文明建设的价值取向与现实路径［J］．求实，2019（2）：86－96.

［14］王德刚，易金，田芸．古村镇保护与开发中的"文化嵌入"模式研究［J］．山东大学学报（哲学社会科学版），2016（2）：95－102.

［15］杨连生，王甲男，黄雪娜．体验式学习对大学生创新创业能力的影响研究［J］．现代教育管理，2020（12）：102－107.

［16］杨天啸，雷静．在线教育的理论基础与发展趋势［J］．教育研究，2020，41（8）：30－35.

［17］严炜炜，王玲，虞佳缘，等．基于网络视频的用户交互式持续学习行为影响因素研究［J］．情报科学，2021，39（10）：25－31.

［18］张连奎．体验性学习对提高小学道德与法治教学有效性的思考［J］．求知导刊，2021（1）：15－16.

［19］郑兰琴，钟璐，牛佳玉．联结在线协作学习设计与分析模型及应用研究［J］．电话教育研究，2020，41（11）：63－71.

［20］左群英，汪隆友．从认知到体验：中小学教材使用的具身转向［J］．中国教育学刊，2021（3）：66－70.

［21］周伟波．体验学习圈的实践与启示［J］．中学物理教学参考，2021，50（14）：34－35.

［22］张依，裴学进．高等教育文化嵌入的理论逻辑与实践展开［J］．文化学刊，2021（10）：1.

［23］BECKER G S. A theory of social interaction［J］. Journal of political economy, 1974, 82（6）: 1063－1093.

［24］COBURN C E, & PENUEL W R. Research-practice partnerships in education: outcomes, dynamics, and open questions［J］. Educational researcher, 2016, 45（1）: 48－54.

［25］CONOLE G. Designing for learning in an open world［M］. New York: Springer, 2013.

［26］CONOLE G & CULVER J. The design of Cloudworks: applying social networking practice to foster the exchange of learning and teaching ideas and designs［J］. Computer & education, 2010, 54（3）: 679－692.

［27］LEANNE C & CHRIS C. The case for using learning designs with preservice teachers［J］. Australian journal of teacher education, 2013, 38（6）.

［28］DOBOZY E. Learning design research: advancing pedagogies in the digital age［J］. Educational media international, 2013, 50（1）: 63－76.

［29］DOBOZY E, LEANNE C. Special issue on learning design research: mapping the terrain［J］. Australasian journal of educational technology, 2018, 34（2）: 47 – 54.

［30］JAMES D, et al. The Larnaca Declaration on learning design［J］. Journal of interactive media in education, 2016（1）.

［31］EARP J, OTT M & POZZI F. Facilitating educators' knowledge sharing with dedicated Information Systems［J］. Computers in human behavior, 2013, 29（2）: 445.

［32］MITTELMEIER J, LONG D, CIN F M, et al. Learning design in diverse institutional and cultural contexts: suggestions from a participatory workshop with higher education professionals in Africa［J］. Open learning: the journal of open, distance and e-learning, 2018, 33（3）: 250 – 266.

［33］KENNEDY-CLARK S. Reflection: research by design: design-based research and the higher degree research student［J］. Journal of learning design, 2013, 8（3）: 106 – 122.

［34］LIN L & MICHAEL J S. The sciences of learning and instructional design: constructive articulation between communities［M］. New York: Routledge, 2018.

［35］LAW N, LI L, HERRERA L F, et al. A pattern language based learning design studio for an analytics informed inter-professional design community［J］. Interaction design and architecture（s）, 2017, 33（33）: 92.

［36］PRIETO L P, et al. Learning design Rashomon II: exploring one lesson through multiple tools［J］. Research in learning technology, 2013, 21（1）: 1 – 20.

［37］MUNUSAMY S & OSMAN A. The use of Socrative and Yammer online tools to promote interactive learning in pharmacy education［J］. Currents in pharmacy teaching and learning, 2019, 11（1）: 76 – 80.

［38］MOR Y & MOGILEVSKY O. The learning design studio: collaborative design inquiry as teachers' professional development［J］. Research in learning technology, 2013, 21（2）: 1 – 15.

［39］QUAN N, BART R, LISETTE T. Unravelling the dynamics of instructional practice: a longitudinal study on learning design and VLE activities［C］//Paper presented at the Learning Analytics and Knowledge 2017 Conference, Vancouver, Canada. 2017（33）: 134 – 154.

［40］PERSICO D, POZZI F. Informing learning design with learning analytics to improve teacher inquiry［J］. British journal of educational technology, 2015, 46（2）: 230 – 248.

［41］POLANYI K. The great transformation: the political and economic origins of our time［M］. Boston: Beacon Press, 1944.

［42］RIENTIES B, TOETENEL L, BRYAN A. "Scaling up" learning design: impact of learning design activities on LMS behavior and performance ［C］ //In Proceedings of the Fifth International Conference on Learning Analytics and Knowledge, 2015.

［43］ RIENTIES B, LEWIS T, MCFARLANE R, et al. Analytics in online and offline language learning environments: the role of learning design to understand student online engagement ［J］. Computer assisted language learning, 2018, 31 （3） : 272 – 292.

［44］ RIENTIES B, TOETENEL L. The impact of learning design on student behaviour, satisfaction and performance: across-institutional comparison across 151 modules ［J］. Computers in human behavior, 2016 （60）: 333 – 341.

［45］ RECKE, M P & PERNA S. Emergent narratives in remote learning experiences for project based education ［J］. Electronic journal of e-learning, 2021, 19 （2）: 59 – 70.

［46］ FAN Y Z & MATCHA W, et al. Learning analytics to reveal links between learning design and self-regulated learning ［M］. New York: Springer, 2021.

［47］ ZUKIN S, DIMAGGIO P. Structures of capital: The social organization of economy ［M］. Cambridge: Cambridge University Press, 1990: 13.

第 ② 章 知识的本质

知识的概念界定

"知识"是人们在日常用语中使用频率较高的一个术语。但是，人们对于这一术语的内涵的理解和把握往往存在着许多差异。在书籍、辞典、教科书及论文中能找到的对知识的概念的界定不下百余种，其中有代表性的知识定义也有十余种。近代《中国大百科全书：教育卷》对"知识"的解释是："所谓知识，就它反映的内容而言，是客观世界在人们头脑中的主观印象。就它反映的活动形式而言，有时表现为主体对事物的感性知觉或表象，属于感性认识；有时表现为关于事物的概念或规律，属于理性认识。"《教育大辞典》对"知识"的解释是："知识是对事物属性与联系的认识，表现为对事物的知觉、表象、概念、法则等心理形式。"

国内的学者认为知识的本质是认识，其可以表现为感性、理性或心理形式，并且要经过实践的检验，以保证它的准确性。从国内外对知识所作的探讨可知，国内对知识定义的探讨多从认识论的角度入手，呈现扁平性、形而上化，操作性不是很强；而西方则多从理论科学本体论、实用的角度探讨知识的定义，呈现多维性、立体化，但缺乏统一性。当然哲学和理论科学并不是截然分开的，它们之间有着紧密的联系。任何事物的本质的呈现过程就是对其全面认识的过程。在这一过程中，如果没有正确的指导方向，那么认识就是盲目的，但是如果没有实际的探索，自然也找不到未来的道路。因为"科学没有哲学是盲目的，哲学没有科学是无效的"。

国外很多哲学家分别从人本主义和外在主义两个角度分析了知识的定义：从人本主义出发，柏拉图将知识定义为真实的信念，笛卡尔认为知识实际上是思维本身的产物，康德则认为知识就是理性主义的逻辑思维和经验主义的感官经验共同作用的结果。从外在主义出发，亚里士多德把知识定义为经验的结果。国内研究者张承伟（2016）将知识定义为人对客观世界的认知、理解和描述，知识是人类创造的，并且能够为社会实践服务。知识是人们在改造世界的实践中所获得的认识与经验的总结。而更多的研究者认为知识就是概念之间的联结，我们构造概念的目的归根结底是把握直观。因此，概念与概念之间必须彼此联结形成知识，有了知识才有力量，才能去把握直观。知识是个体通过与环境相互作用后获得的信息以及组织①。所以潘洪建（2003）的研究认为，从本质上讲，知识内在于人的主观创造，是基于客观上的主观构建；知识是一个开放的生态系统，知识与社会政治、经济、文化乃至各门知识之间有着广阔而丰富的生态关系；知识是一个动态的发展过程，是主体在实践的基础上对无限发展着的客观世界的动态认识；因此，确立内在、开放、动态的知识本质对于学习研究意义重大②。

本章首先对知识的概念进行界定，以中国知网数据库的相关文献为依据，分别从知识分类、知识组织和知识表征三个方面进行文献回顾，逐步探究知识的本质。

2.2 》 对知识本质的思考

在西方社会，从古希腊人对知识的"三分（理论知识、道德知识和技术知识）"、苏格拉底的"美德即知识"、柏拉图对知识的"二分（知识与意见）"和判断标准（三元论，即信念、真和证实）到近代笛卡尔的"我思故我在"的主体性知识观及康德的第三类知识（先天综合知识）和解决问题的知识演变，充分体现了人类追求客观性、普遍性与可证实性知识的执着和探究角度的转变——从知识的宇宙论和本体论到认识论。尽管他们对知识进行了充分的阐述，但他们都只是以旁观者的身份对知识的本性进行阐释，仍无法摆脱"旁观者知识"、"为知

---

① 王卓，谢呈华. 信息·情报·知识定义辨析 [J]. 情报杂志，1999 (5)：45-46.
② 潘洪建. 知识本质：内在、开放、动态——新知识观的思考 [J]. 教育理论与实践，2003, 23 (2)：1-6.

识而知识"、知识是与客观实在相符合的观念的束缚。

根据不同的研究维度，本书从宏观、中观和微观角度对知识的本质进行分析：

1. 宏观角度

在社会学层面，美国社会学家丹尼尔·贝尔（Daniel Bell）对知识的定义是对事实和思想的一套系统的阐述所提出的合理性判断或经验的结果。在哲学的层面，有代表性的是国内研究者张承伟等对知识的定义，他们提出知识的本质就是信息，是信息的特殊形态，是信息的子集，具有信息的全部属性——载体依附性、共享性、不可量化性和非守恒性，信息是非物质的客观存在。从广义上论述，知识是指人类作为认知主体所掌握的全部信息；从狭义上论述，知识是人类掌握的有意义的信息；从形态上论述，知识是编码—译码信息（张承伟、刘凡儒、郝绪彤，2016）。在知识学层面，刘邦凡（2007）提出，知识表明了人类理性思维的形成与发展，从而把人和动物的思维区别开来，从而使人有逻辑的思维，能作出动物不可能作出的判断、推理、结果和解释[①]。

2. 中观角度

知识的本质主要是采取措施和利用专业知识去解决某一领域里特定的问题并且提高收益，这也体现了知识的价值。美国企业 3M 的首席执行官通过建设技术专家在线数据库、每年召开为期 3 天的知识会议，为研究者学习、实践、吸收和应用技术知识提供渠道，从而使新产品每年的利税率达到 10%。由此可见，迅速地知识生产和有效的知识应用过程给企业带来了较高的产品创新水平和利润。

国内学者李图强（2003）提出在政府管理中公共政策的制定需要以各类知识为基础；首先了解人口进程的一般状况，了解人口行为的先例；其次认清决定人口进程的因果关系，尤其是采取人口政策手段的原因和关系；最后评价人口政策干预可能形成的后果——利与弊。

---

① 刘邦凡.什么是知识学［C］//燕山大学世界逻辑史研究中心，中国社会科学院哲学所逻辑室.2007 年现代逻辑与逻辑史研讨会论文集，2007：20－24.

3. 微观角度

从个体或者心理学的视角，研究者对知识本质的分析更为具体，如杨春苑、陈忠华（2004）发表的《知识的认知心理学分析》一文中指出知识是话语分析认知集合中的一个重要因素，以某种结构单位和表征形式贮存于人脑的长期记忆中。N. Dixon（2000）的研究中也提到，"知识是人们在具体的环境背景下行动时，在头脑中所建立起来的信息与其应用之间的有意义的联系"。

尽管关于知识的本质的观点多样，但通常认为知识就其成分来说就是信息，是信息的特殊形态，是信息的子集，具有信息的全部属性——载体依附性、共享性、不可量化性和非守恒性。对知识本质的探讨，目的是在实践中尝试进行知识创造，这首先来自对物质世界的观察力，发现差异是知识发现的本源，而培养观察能力是知识创造的基本技能。知识创造还需要提高思维能力，掌握理性知识，锻炼抽象思维，因为思维科学和信息科学是知识创造的助推器。另外，认知和编码是知识创造的重要环节，认知是通过比较、分析领悟知识的过程，编码则是知识显性化的唯一途径。自然状态下的观察和知识创造已经得到了充分的研究和知识积累，新知识的创造需要人工创造物质和信息展现的状态，人们通过人为控制的状态观察、发现并创造知识。传统教育模式主要实现知识转移的功能，对知识创新和创造贡献不足[①]。因此，为提高国家创新能力，形成全民创新机制，教育率先要进行变革，以便利用网络信息技术构造未来智慧教育的崭新模式。

2.3　知识分类、组织及表征

2.3.1　知识的分类

自 20 世纪 80 年代，许多认知心理学家把知识分为三大类：程序性知识、陈述性知识和策略性知识。他们又从信息加工的角度进一步解释陈述性知识主要回答事物是什么、为什么、怎么样；程序性知识主要回

---

① 张承伟，刘凡儒，郝绪彤. 论知识的本质和知识创造 [J]. 情报学报，2016，35（4）：369 - 379.

答做什么、怎样做；而策略性知识也属于程序性知识的范畴，其实质也是一套如何学习、记忆、思维的规则和程序，它控制着人的学习、记忆和思维活动。Bhagat 等（2002）根据知识的复杂性，将其划分为包含较少信息量的简单知识和包含大量信息的复杂知识。Hsiao 等（2006）将知识分为嵌入到人类网络中的专家认知性知识、专家在工作活动中提取和集成的能力知识，以及可转移的有形的实体知识①。张承伟等（2016）从知识的定义出发，将人类积累的知识分为物性知识、臆性知识和理性知识，随后进一步提出了物性知识创造的 OT2EC2 模型和人工知识创造的 TC 模型，辨析了知识创造和知识创新的本质差异，并在 OT2EC2 模型基础上阐述了智慧教育的模式②。

一些研究者还根据知识的不同维度对知识进行分类：

（1）基于知识的内容分类：知识可分为理论知识和实践知识。另外，李世辉和韩庆兰（2013）从产品的生命周期出发，将知识分为产品设计过程知识、产品制造过程知识、产品销售知识和产品使用维护知识。

（2）基于知识的范围分类：知识可分为内部知识和外部知识。前者是指能在企业内部自由交流、分享的知识，包括品牌、专利、报告、商业计划书等；后者是指有利于企业发展并能被企业所获取到的组织外部知识（朱治理等，2016）。

（3）基于知识的特征分类：这种分类方法涉及较多视角，比如关涛等（2009）根据知识的嵌入性，将其分为嵌入人员知识、嵌入工具知识、嵌入惯例知识、协作关系知识以及复合嵌入知识。高章存和汤书昆（2010）则进一步将知识细分为显性知识、偏显性的灰性知识、偏隐性的灰性知识以及隐性知识。

2.3.2　知识的组织

随着人们将信息管理的目光转向知识管理，近几年人们的认识也逐

---

① HSIAO R F, et al. The problems of embeddedness: knowledge transfer, coordination and reuse in information systems [J]. Organization studies, 2006, 27 (9): 1289 – 1317.

② 张承伟，刘凡儒，郝绪彤. 论知识的本质和知识创造 [J]. 情报学报，2016, 35 (4): 369 – 379.

渐由信息组织转向了知识组织。知识组织是指对知识客体进行的诸如搜集、整理、加工、整序、揭示、控制、提供等一系列组织化过程及其方法。知识组织是信息组织的深化。知识组织或信息组织是图书情报学的一个分支,其研究方法和传统研究不同,"知识组织"这个概念是英国著名分类学家布利斯(H. E. Bliss)于 1929 年最早提出的。此后,美国、澳大利亚等西方国家通常将文献的分类、标引、编目等作为知识组织的学习内容。知识组织的方法有很多种,国内有许多研究者从不同的角度提出不同的知识组织方法。到了 21 世纪,以美国国会图书馆(The Library of Congress)为代表的图书馆界提出要以知识组织系统来推动数字化过程中对数字内容的组织,实现从信息组织向知识组织的发展,包括基于知识单元和本体的组织方法、构建理论和实践应用。互联网和大数据的出现给自然科学和社会科学以及人文科学带来了一种新的数据驱动方法——自下而上的开放式方法,在这种方法中科学现象是从对数字信息的大规模分析中发现的。

国内著名文献情报学家袁翰青是我国最早使用"知识组织"这一概念的研究者,他指出:"文献工作是组织知识的工作……通常所谓的文献工作上有两个方面:知识组织工作和情报检索工作。目前的知识组织方法有 7 种,分别是知识表示、知识重组、知识检索、知识聚类、知识编辑、知识布局和知识监控。"李家清(2005)对知识的七种组织方式进行详细的分析,并提出采用分类主题一体化、运用元数据以及采用专家系统等知识组织策略。更多的知识组织研究出现在图书馆学领域,如王松林(2006)认为图书馆的知识组织就是知识分类,并且图书馆的知识组织并不是知识组织的全部;林晓欣(2021)指出知识组织帮助图书馆实现了知识协同服务,并能从中实现知识的协调共享和交互,还能以知识网络合作的服务来发现信息知识资源,从而发现其应用特征。

而今进入信息组织 4.0 时代,知识组织的知识协同服务管理策略不仅是系统科学地融合科研途径、研究方法和实验数据等辅助研究服务的实现过程,还是在社会化的环境下能主动交互地提供智慧化的学科数据信息资源①。

另外，Geffet 于 2018 年就如何将不断变化和发展的不同理论和世界观整合到多样化、连贯和广泛的知识体系中的问题提出了一种新的知识组织通用模型，即开放式知识组织网络模型。Birger Hjørland（2013）探讨了知识组织的逻辑方式——刻面分析法。李学庆、贾玉文等（2007）提出了一些知识组织方法，如分类法、主题法、本体论的系统论基础。而袁淑艳（2009）以分类法和主题法为例介绍了系统论方法在知识组织中的应用。

2.3.3　知识的表征

相关的研究者明确指出，研究知识的本质需要分析说明"知识的表征"，表征的变化就是将内因信息转变为外显信息，使其逐渐变得能为认知系统的其他部分利用的过程（杨盛春、贾林祥，2007）。知识的表征（representation）是指知识或信息在人脑中记载和贮存的方式。Christopher 等（2007）在《知识表征与本体论：当前的挑战，未来的可能性》一文中指出，由于知识等同于事实，知识表征在很大程度上被视为管理世界事实集合的任务。自 20 世纪 70 年代以来，有关人类知识的建构和内部表征成为当代认知心理学以及认知科学领域的研究热点话题，其中有代表性的研究主要是认知主义和联结主义两种研究取向：

（1）认知主义研究取向。罗伯特·米尔斯·加涅（Robert Mills Gagne）于 1895 年提出了知识网络的理论。他认为，程序性知识的产生式系统镶嵌在陈述性知识的命题网络之中，两者共同构成知识网络。安德森强调，陈述性知识和程序性知识之间互为条件、互相促进，两者以工作记忆为中介相互作用，程序性知识必须以陈述性知识的形式进入命题网络，然后才能转化为产生式表征的程序性知识。

（2）联结主义研究取向。联结主义十分关注内部表征问题及心理加工问题，联结主义的知识表征的方式主要是激活知识内部的机制以及获得激活恰当内部表征能力的机制。Rumelhan J.（1986）等认为知识

①　林晓欣. 信息组织 4.0 时代智慧化知识组织的知识协同服务 ［J］. 图书馆，2021（2）：63-68.

大部分是以结构的形式建构的，其常见的心智结构主要有概念、命题和图式等，有关知识的表征来自模型的分类并以下述方式建立起来：知识必定影响加工的过程，在加工过程中利用知识不再是以在记忆中寻找相关信息并将其聚集的方式，而是加工本身的一部分。

从心理层面，知识表征得到了更多研究者的关注，如高文（2000）从概念的本质、分类和结构三方面出发，介绍知识的表征方式主要有命题表征、心智映像、心智模式（认知结构）和联结型网络。其中，命题表征、心智映象以及心智模式都基于这样一个假设：人的认知依靠对符号的操作，符号既有语言类的又有图像类的。联结型网络或称并行的、分布式的处理模式，它试图在表征信息时不使用符号实体。这些模式包括最基本的、类似神经元的处理单位。这些基本单位通过兴奋或抑制而影响其他单位。我国还有一些从不同的角度对知识表征理论进行了描述和评价的研究者，如魏屹东（2003）在《计算—表征认知理论的认知语境分析》一文中以认知科学的中心假说、心智的计算、表征理解作为文本，分析语境，提出"认知语境"的概念。王瑞明的（2005）《知识表征的新观点——知觉符号理论》对 Barsalou 提出的知识表征理论——知觉符号理论作了介绍并进一步阐述其特征，并且为这一理论提供了实验证实。杨盛春、贾林祥（2007）在《心理表征哲学及其联结主义诠释》一文中对概念表征和命题表征作出了解释并且提出联结主义网络对概念和命题进行了表征①。

近年来，知识的表征也逐渐应用于各个领域，如大数据、人工智能等方面。苏玉娟（2017）在《基于大数据知识表征的特质》一文中提出表征是在实物不在场的情况下指代这一实物的任何符号或符号集。这里的符号或代码既可以是客观的物理符号，也可以是主观的心理意象，既可以是静态的事物，也可以是动态的机制。知识的表征就是用这些东西代表知识。

2.4 知识观的思考

21 世纪随着主体对客观世界复杂性的逐步认识，长期以来所形成

---

① 杨盛春，贾林祥．心理表征哲学及其联结主义诠释 [J]．心智与计算，2007（2）：188－194．

的客观的、唯一的、中性的知识观越来越受到质疑。主体在怀疑先前的知识观的同时也在努力探索未来的知识观。因为知识观不仅决定着知识的属性，还决定着主体对知识的选择和价值判断，并且影响着主体对未来研究对象的确立和社会的发展。笔者试图梳理人类发展史上典型的几类知识观，从中窥见知识演化过程的复杂性。发展中的知识观如下：

（1）斯多葛派的确定性知识观。在希腊时期，追随苏格拉底的斯多葛派形成了一种自信的理性主义的确定性知识观。该学派是精神的唯物论者，他们抛弃柏拉图的灵魂不朽，坚持唯物主义世界观，世界是由物质实体构成，并由规律所决定。他们相信上帝的存在，上帝是由物质的火所构成，上帝的火种——理性的种子体现在每个人的心中。只要在它的指引下，每个人都可以达到一切本质真理知识。确定性知识观成为这一形而上学知识论的中心，其实质是探求知识的永恒性、客观性和中立性。

（2）理性主义知识观。这一知识观的代表人物有柏拉图、笛卡尔、斯宾诺莎、莱布尼兹等。他们认为人类的理性思考是知识的来源（即心理主动地建构知识），主张人是理性动物并且理性是人的本性。因此，只有经过理性思考的知识才是知识，它具有普遍性、永恒性和绝对性是柏拉图划分理念世界（真的）和现象世界（假的）的标准及联系这两个世界的桥梁。天赋观念使我们明白"学习即回忆"的真实内涵。天赋观念学说被笛卡尔、斯宾诺莎、莱布尼兹所秉承。笛卡尔承认神、精神和物质三个实体并且认为灵魂是被上帝所创造的，将永远地生存下去。"理性的自然之光"有助于我们获得数学和简单的逻辑。"单子论"的莱布尼兹把命题区分为理性真理和事实真理，认为前者是经过理性证明而没有感觉的帮助就可获得的知识，必然是真理；后者则是借助经验所发现的，未必是真理[①]。

（3）经验主义知识观。这一知识观的代表人物有亚里士多德、培根、洛克等。他们认为感觉经验是知识唯一有效的来源。亚里士多德秉

---

① 叶秀山. 试论斯宾诺莎"概念论"与莱布尼兹"单子论"［J］. 中国社会科学院研究生院学报，2015（1）：5－11.

承其老师柏拉图的现实世界观点，提出了质料与形式的学说，即潜能与现实之间的联系。他在《论灵魂》和《尼各马可伦理学》中将人类的灵魂分为理性灵魂、动物灵魂和植物灵魂，灵魂使身体完成它的"形式"，即服从理性的指导并借助感觉来获得知识。近代经验主义奠基者洛克继承了亚里士多德的白板说，他说："我们的观念有两个来源：①感觉作用，②对我们自己的心灵的活动的知觉，这可以称作'内感'，强调我们的任何知识不能先于经验。"他的出现使天赋观念的知识观让位于经验主义知识观。近代归纳法创始人培根曾指出"凡是在动作方面最有用的，在知识方面就是最真的""科学始于观察"，足见他十分重视经验在获取知识过程中的作用。

2.4.1　学习层面

个体既有不同的知识观也有不同的学习观。多种学习观表明，个体在围绕获取知识这一目标的过程中所采用的策略较为多样化，从关注个体的外在行为到个体内在认知图式的建构，从关注个体所运用的语言、符号到个体所依存并内隐于其自身的文化，从获取关注客观、唯一的知识到完全自我知识的获取。这一系列的学习观的演化都遵循着主客二分的原则，并以此对个体学习机制进行研究。由于影响学习的因素有多种，因此无论着重哪一种因素的探究，所得出的关于学习的观念都是片面的。在不全面的学习观指引下所获取的知识肯定也不能完全、真实地反映客观事物。

知识与信息有着密切的联系。知识是由重要的信息构成的，复杂知识追求变化中的统一，围绕其所构成的信息也追求变化中的统一。获取信息的过程是个体认知的过程，个体的经验在这一过程中发挥了重要的作用。杜威曾说过："没有思维的经验是没有意义的。"他为经验确立了两个标准：连续性和互动性。连续性是从个体经验积累的纵向角度进行说明，它体现了个体经验的有限性、个体性、历时性；互动性则从主体间经验交互作用的横向角度进行说明，它体现了个体经验的差异性、交往性、共时性。个体经验的连续性和互动性为个体间的交流提供了可能，也为个体对同一事物的多样性信息的获取提供了条件。事物的性质是复杂的，它的外显是多维的，再加上人类认知能力和工具的有限性，因此人类为了更好地了解事物就必须进行合作和交流。

2.4.2 **教学层面**

教学观是知识观的体现，是学习观的指导。知识在获取的过程中受到知识观影响的同时也受到教学观的影响。近代教学历史上较有影响的教学观有行为主义教学观、认知主义教学观、人本主义教学观和建构主义教学观。每一种教学观在指导个体获取知识的道路上都曾有其成功的表现，但随着时代的发展，也显现出它的片面性。因为它们只关注个体学习行为的某一方面，关注个体在客观事物探究的某一方面，因而造成个体不能全面、辩证地认识客观事物的真实存在。由于它们的分裂，个体对客观事物探究的结果总是局限于某一个点而忽略整体，不能真实地反映客观事物的本质，不能应对复杂事物，不能解决复杂问题。

复杂知识的多维性界定了教学的多维性和复杂性。传统的教学是围绕教材的师生互动，尽管学习者也获取了很多有关人类智慧的结晶，但在复杂世界面前似乎有些力不从心，事物的多面性容易导致认识上发生"一叶障目"的错误。面对同一事物时，师生应该打开各自的眼界，利用一切有效的资源，通过有效对话实现对事物相似性的统一，因为复杂不是无序状态而是更高阶的秩序。因此，在对知识的探求过程中，包容性、过程性、反思性和探究性就显得格外重要。复杂知识并不意味着知识的无序和混乱，而是变化中的统一，围绕复杂知识的获取也不是随心所欲的，而是在共享核心价值、共用一本"词典结构"引导下的探究。教师对问题设计的引导作用至关重要，教师要做到"无招胜有招"，达到"规则的合理运用是无规则可循的"最高境界。这样才有助于培养学习者良好的观察能力、判断能力和审美能力，提高学习者的民主参与意识，培育学习者良好的道德素养，从而实现由单纯互动转变到共享行动。

随着近代科学的发展，在传统一元世界观指导下所建立的知识观、学习观和教学观越来越受到科学哲学、解释学、自然科学的质疑和批判，尤其是后现代主义知识观。后现代主义知识观为了显示其决心和诚意，甚至无视理性及理性的理解，放弃追求传统形而上的抽象原理转而求诸个体的经验（但带有不完备性和偶然性的局限）。不同的思维范式只是局部的不可通约性，并不是格式塔的转变，它追求的本质是一种关系。这就涉及信息集合体要符合信念、真、证实三个条件。"真"既体现在技术层面，又体现在伦理层面；"证实"不仅体现在信息与自然规律的符合，还体现在与人文的相符。复杂知识追求"变化中的统一"。没有变化就没有多样性、复杂性；没有统一就没有秩序，没有规律，没有涌现和维持，也就没有"合理近似"。这一"统一"是创造性的、动态性的、过程性的，是主体间在不同范式指引下对客观事物所达成的合理解释。比如，河流遵循阻力最小原则而蜿蜒曲折，闪电遵循能量释放最大化原则而呈现色彩斑斓的状态，晶体遵循原子间引力平衡原则而形成琳琅满目的结构。复杂知识是主体在实践情境中获取并加以运用的知识，它的获取有助于拥有这一能力的主体在解决实际问题的过程中获得对事物全面的、整体的、辩证的、人文的理解。

综上，人的本质是社会性的（主体之间、主客之间），知识的社会性也就体现在其获取过程中对关系的处理上，复杂知识的教学观引导教师关注关系各个层面的东西。关注知识的问题不仅仅是关注人类凭借经验或逻辑对外在事物概念化结果的问题，更是关注人类自身如何生存、如何认识自身、如何追求幸福和自由的问题。马克思认为人的本质是社会性，不存在一个超越时空、历史的超验实体，人类是一个存在特定历史时空、有限理性的多元存在者。因此，抛弃传统在一元论哲学观指引下对确定、永恒知识的追求，而从社会实践出发，在复杂、多元思维的指引下完成对知识的探索成为一种历史必然。

2.5 ▶▶ 案例分析

对知识本质的探究，不能仅仅停留在理论层面，不同的知识观在教学实践中也表现出较大的差异，本节整理了两个典型案例进行点评说明。

2.5.1 案例一：中英两国小学数学计算的教法差异

2014 年，陆晓林作为江苏省首批赴英国研修学习的小学数学教师之一，得以零距离观察英国中小学数学课堂，通过观摩对于同一个数学科目知识点英国教师是如何教学的，她发表了《英国：直抵知识本质的数学课堂》一文，该文通过对比中英两国的课堂教学，揭示了知识观层面的差异。

1. "20 以内退位减"随堂课：计算"13 - 8"

英国课堂教学："用加算减"法。教师用学具摆出 13 和 8，一一对应（见图 2 - 1）；之后让孩子们讨论并操作，先在 8 后加上 2 使之成为 10（见图 2 - 2），然后再对应上面的 13 继续摆出 3，用 2 加 3 得 5，算出 13 - 8 的结果（见图 2 - 3）。接着孩子们继续借助学具，用一一对应的方法练习了几道题，最后交流了自己计算的心得：先想减数加几凑成 10，再用几加上被减数的个位数。基于对应的思想，这种方法强调的是"数学概念之间的关系"①。

图 2 - 1

图 2 - 2

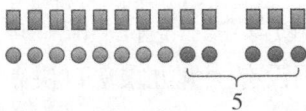

图 2 - 3

国内课堂教学：最常采纳的是"想加算减"法。"想加算减"主要是通过熟练记忆数的大小关系，数的分成来筛选和提取计算结果，快捷有效，这种方法强调的是"数学知识的发生"。

① 陆晓林. 英国：直抵知识本质的数学课堂［J］. 人民教育，2014（24）：57 - 60.

图 2 - 4

英国课堂的"用加算减"法是用——对应的方法，使两个数（量）的"差"显现在不对应之处，在实现完全——对应的过程中，也就是由不相等到相等的变化过程中得出了"差"，"用加算减"看似不够快捷但是突出了"减数 + 差 = 被减数"即"左边 = 右边"这样的相等关系，强化了"="的本质：符号两边的数（量）相等，这对学生将来理解方程的意义是极其重要的。

国内的"想加算减"看似快捷有效，但基于定义自然数的方法解释运算是抽象的，"想加算减"没能说清楚"相等"的意义到底是什么。所以当学生开始学习方程时，他们由"算术思维"转换为"代数思维"会经历一个艰难的过程。

2. 对除法计算方法的教学，计算" 87 ÷ 3"

英国课堂教学：英国没有"九九乘法口诀表"这样的知识与技能背景，因此除法计算直接回归本原——连减法（见图 2 - 5）。教师仍借助学具先从 87 中减 10 个 3，再减 10 个 3，最后减 9 个 3，一共可以连减 29 个 3。具体计算时，每一次减几个除数可以不同，计算步骤可多可少，只要减到余数为 0 便可（不能整除的减到余数小于除数为止）。

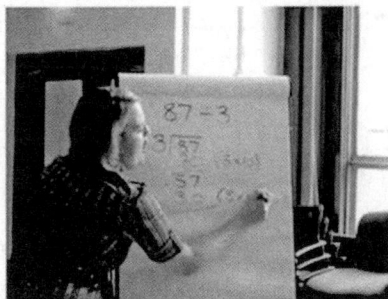

$$87 \div 3 = 10 + 10 + 9 = 29$$

图 2 - 5　除法计算

国内课堂教学：用逆运算的关系借助乘法口诀求商。

英国教学方法从自然数中"包含"的意义看，除法是"连续减去相同数的减法"，凸显了除法与减法的"血肉"联系。这样计算的过程不受"余数要比除数小"的限制，计算除数是多位数的除法时，不需要反复"试商"与"调商"。繁复的竖式，却直白地说明了两种运算之间的本质联系，巧妙规避了我们在教学中会遇到的难题。

国内的除法教学依靠逆运算和乘法口诀。除法竖式简洁明了，同样也能解读出"除法即连减"这样的关系，但学生甚至教师几乎不会在竖式计算的过程中感悟到除法与相同减数减法的内在一致性。作者经观摩、研究、对比，最后得出结论：对于学科知识的教学，要多让学生通过情境化、自操作、自规则来培养创造力，最终使之理解某一学科中知识或概念之间的内在联系。

2.5.2　案例二：三角函数的诱导公式

2017 年王克亮以三角函数的诱导公式的课堂教学为例，提出课堂问题的设计与解决应凸显知识本质。

具体过程是：以三角函数诱导公式的课堂教学为案例，首先通过圆既是中心对称图形又是轴对称图形，而且圆有无数条对称轴这一情境切入三角函数的知识本质，然后尝试围绕知识本质设计课堂问题，层层递进，逐步将学生的思维引向深入。在问题解决的过程中教师通过不断追问，使学生充分展开思维过程，并尽可能用醒目的形式将知识的本质展示出来①，如图 2 – 6 所示。

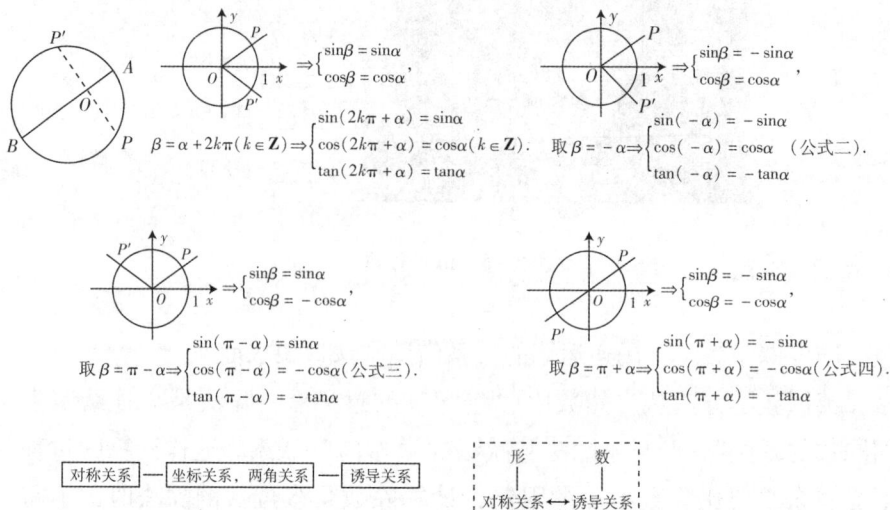

图 2 – 6　三角函数的数学知识

参考文献

[1] 关涛，薛求知，秦一琼 . 基于知识嵌入性的跨国公司知识转移管理——理论模型与实证分析 [J] . 科学学研究，2009，27（1）：93 – 100，126.

[2] 高文 . 知识的组织与表征（续）——现代教学模式建构的基本要素之一 [J] . 外国教育资料，2000（5）：10 – 14.

[3] 高章存，汤书昆 . 企业知识创造机理的认知心理学新探 [J] . 管理学报，2010，7（1）：28 – 33.

[4] 刘邦凡 . 什么是知识学 [C] //燕山大学世界逻辑史研究中心，中国社会科学院哲学所逻辑室 . 2007 年现代逻辑与逻辑史研讨会论文集，2007：20 – 24.

[5] 李家清 . 知识组织方法及策略研究 [J] . 图书情报工作，2005（5）：41 – 44.

[6] 李世辉，韩庆兰 . 基于生命周期成本管理的知识库构建研究 [J] . 会计研究，2013（7）：35 – 41，96.

---

① 王克亮 . 课堂问题的设计与解决应凸显知识本质——一次主题教研活动中"三角函数的诱导公式"的教学体会 [J] . 数学通报，2017，56（5）：10 – 14.

［7］李图强．政府管理中的公共政策分析——人口政策知识应用层面的探讨［J］．人口研究，2003（3）：67－71.

［8］陆晓林．英国：直抵知识本质的数学课堂［J］．人民教育，2014（24）：57－60.

［9］李学庆，贾玉文．知识组织的系统论基础［J］．新世纪图书馆，2007（5）：22－26.

［10］林晓欣．信息组织4.0时代智慧化知识组织的知识协同服务［J］．图书馆，2021（2）：63－68.

［11］潘洪建．知识本质：内在、开放、动态——新知识观的思考［J］．教育理论与实践，2003，23（2）：1－6.

［12］苏玉娟．基于大数据知识表征的特质［J］．哲学分析，2017，8（2）：116－126，198－199.

［13］王克亮．课堂问题的设计与解决应凸显知识本质——一次主题教研活动中"三角函数的诱导公式"的教学体会［J］．数学通报，2017，56（5）：10－14.

［14］王亮亮．关注价值导向　突出知识本质　体现思维广度与深度　引导教学——2019年中考数学（北京卷）试题解析［J］．数学通报，2019，58（7）：28－30.

［15］伍丽梅，莫雷，王瑞明．情境模型的实质：命题符号与知觉符号之争［J］．心理科学进展，2005（4）：479－487.

［16］王松林．从图书馆的角度看信息组织和知识组织［J］．中国图书馆学报，2006（5）：61－66.

［17］魏屹东．计算—表征认知理论的认知语境分析［J］．自然辩证法通讯，2003（1）：37－43，110.

［18］王卓，谢呈华．信息·情报·知识定义辨析［J］．情报杂志，1999（5）：45－46.

［19］杨盛春，贾林祥．心理表征哲学及其联结主义诠释［J］．心智与计算，2007（2）：188－194.

［20］杨春苑，陈忠华．知识的认知心理学分析［J］．外语与外语教学，2004（7）：19－23.

［21］朱治理，温军，李晋．海外并购、文化距离与技术创新［J］．当代经济科学，2016，38（2）：79－86，127.

［22］张承伟，郭一蓉，刘凡儒．论知识的本质与知识循环［J］．情报理论与实践，2017，40（1）：25－30，17.

［23］张小红，张金昌，宋立荣．个体知识的特性及其开发管理研究［J］．技术经济与管理研究，2013（2）：34－37.

［24］张承伟，刘凡儒，郝绪彤．论知识的本质和知识创造［J］．情报学报，

2016, 35 (4): 369 – 379.

［25］ BREWSTER C, O'HARA K. Knowledge representation with ontologies: present challenges-future possibilities ［J］. International journal of human-computer studies, 2007, 65 (7): 563 – 568.

［26］ BHAGAT R S, et al. Cultural variations in the cross-border transfer of organizational knowledge: an integrative framework ［J］. The academy of management review, 2002, 27 (2): 204 – 221.

［27］ DIXON N M. Common knowledge: how companies thrive by sharing what they know ［M］. Boston: Harvard Business School Press, 2000: 65.

［28］ HJØRLAND B. Facet analysis: the logical approach to knowledge organization ［J］. Information processing & management, 2013, 49 (2): 545.

［29］ HSIAO R F, et al. The problems of embeddedness: knowledge transfer, coordination and reuse in information systems ［J］. Organization studies, 2006, 27 (9): 1289 – 1317.

［30］ MCCLEUAND J L, et al. Parallel distributed processing: explorations in the microstructure of cognition ［M］. Cambridge: MIT Press, 1986.

［31］ ZHITOMIRSKY-GEFFET M. Towards a diversified knowledge organization system: an open network of inter-linked subsystems with multiple validity scopes ［J］. Journal of documentation, 2019, 75 (5): 1124 – 1138.

第 3 章　学习的本质

《说文解字》云："学，觉悟也；习，数飞也"。"学"的本义在
"觉悟"，"习"的本义是鸟儿不断尝试学习飞翔，引申为尝试新知或新
的行为，即对个体来说，学习是从"不会"到"会"的转变，是对环
境不断进行适应的过程。为了生存与适应，生物体必须不断地根据环境
的变化改变自己的行为，或通过对环境规律的认识预测行为的结果。一
般认为，学习是人和动物因经验而引起的倾向或能力相对持久的变化过
程，这些变化不是因成熟、疾病或药物引起的，而且也不一定表现出
外显的行为。本章借助中国知网和外文文献数据库，总结当前领域的研
究热点，并从哲学、文化和社会等视角来探究学习的本质。

3.1 ▶ 对学习本质的思考

随着知识型经济社会进程的加速，世界各国对教育也愈发重视，对
学习本质的关注和探索也越来越多。从古希腊苏格拉底和塞内卡到近代
西班牙教育家胡安・路易斯・维韦斯（Juan Luis Vives）、捷克教育学
家扬・阿姆斯・夸美纽斯（Jan Amos Komensky）和德国教育家约
翰・费里德里希・赫尔巴特（Johann Friedrich Herbart），在关注"教"
的同时，也逐步开始关注"学"，并注意到学习中的先前知识在构成思
想状态或观点中起到的重要作用，新的学习观点是通过与已有的思想状
态或"领悟"相关联而产生的[1]。

20 世纪以来，研究者对人的学习本质的认识至少取得两大成就：
一是"学会思维"；二是"学会生存"。前者以杜威为代表，后者以海

---

① 杨刚，徐晓东，刘秋艳，等. 学习本质研究的历史脉络、多元进展与未来展望 [J]. 现
代远程教育研究，2019，31（3）：28-39.

德格尔为集其大成者。在杜威看来，学习一定是人直面生活中令人不快的"疑难情境"，经过理智分析从中引出探究问题，把"疑难情境"变成"问题情境"，提出并明确有可能解决此问题的假设，通过操作或行动（既可能是观念操作，也可能是实际操作实物）验证假设，最终将令人不快的、模糊的生活情境转变为我们期待的、令人愉快的、暂时确定的生活情境。这就是人的学习。而海德格尔认为"学习的意思是，让我们的一切所作所为与任何从根本上向我们吐露的东西遥相呼应①"。根据这种根本的方式，根据它由此向我们发出召唤的领域，这种遥相呼应以及为此的学习方式都是与别的呼应和学习截然不同的（张华，2010）。

因此，学习的发生不仅仅是心理行为，它还与群体环境和文化氛围息息相关，可以说，人类学习是一种文化现象，研究人类学习，必须关涉它的过去与未来，在其生成逻辑中剖析其根本规定性，即"与自然现象相比，文化现象更为明显地受到生成的制约，它们无论何时都不可能游离于过程的溪流②"。学习研究领域经常问"学习是什么"和"人是如何学习的？"这些提问方式，不能脱离对提问者置身于其中的生存状态的先行询问，探究学习的本质同样需要对文化背景和学习价值展开探寻，并不断追问"人类为什么需要学习？"

群体环境对人的影响无时无刻不在表征着人的社会属性，无论是作为学习活动主体的人，还是作为学习活动客体的知识或经验，以及作为学习活动中介的工具和环境，都具有社会性。尽管人类生存与发展离不开自然界，但人的本质是社会实践活动的产物。学习活动虽是由个体进行的（实际上"基于群体认知的分布式知识网络"的出现，使得学习活动通常超越个体层面），但个体的学习活动只有在社会文化环境中才得以进行，它包含着特定的生活条件、社会经历以及特殊的心理体验等

---

① 海德格尔. 海德格尔选集：下 [M]. 上海：上海三联书店，1996：1207.
② 曾文婕. 学习哲学视角下学习型社会建设的深化之路 [J]. 南京社会科学，2018（3）：143-150.

内容，从这个意义上讲，学习活动的个体性是统摄于社会性之中的①。

需要讨论的一个话题是，学校里发生的学习，其对象即知识的确定性，往往因其绝对化窄化了学习确定性本真的内涵，也导致了教育教学及学生学习的畸形化、程式化、机械化和呆板化，其带来的最终结果是人的物化和褊狭化，比如唯分数论，分数高低就是当下学校学习的衡量标尺。学习发生的特异性决定了对教育教学确定性的理解要超越形式逻辑的四条基本法则，即同一律（A = A）、矛盾律（A ≠ − A）、排中律（A 或 − A）和充足理由律，即对学习机械的绝对确定性的苛求是对教育教学确定性的一种异化现象。这种学习规定性或确定性的要求是以学习者个性化的隔离、情境化的革除、价值理性的搁置为代价的，其实质已然遮蔽了教育教学的本真面貌。因此，如果我们要将人类学习的本质落实到学校教育中，依然有很长的路要走。

3.2 学习研究与实践

对于学习研究的实践主要在教育领域中进行，随着人类认知和科技发展，基于认知心理和脑科学的证据正逐步引领学习研究走向深入。

教育领域，自然就是学习重要的研究及实践领域。在学习实践中，从教育视角界定学习，必然需要关注学习主体的社会文化背景、学习对象的社会历史演变、学习活动所受到的各种社会激励或制约因素等。人的学习既是个体化的活动又是社会性的活动，学习的内容可能是获取知识和经验、掌握客观规律，也可能是获取直接经验。从学习的目的和结果看，学习又是使个体身心获得发展，使个体和人类整体不断实现自我意识与自我超越的过程（苏兴仁、周兴维，2006）。

在教育领域中被聚焦的学习研究开始让研究者们更好地探究学习的本质，正如靖国平（2017）所总结的，学习具有自由性、不厌性、觉悟性、转化性这四个方面的本质属性。自由性是学习的起点，支点及学习者在学习活动中的独立自主性和自觉自愿性；不厌性是学习的本色和

---

① 吴刚，黄健．社会性学习理论渊源及发展的研究综述［J］．远程教育杂志，2018，36（5）：69－80．

基调，保障学习活动的自主导向、自我悦纳、内在激励和积极情绪；觉悟性是学习的具身认知，具身认知也译作"涉身认知"，其含义是指身体在认知过程中发挥着关键作用，认知是通过身体的体验及其活动方式而形成的。从人的认识发生和学习起源上看，人的心智和认知活动必然以一个在环境中具体的身体结构和身体活动为基础；转化性是学习的体用和效能，学习者通过有意义的转化学习即成长性学习，在个体身心等方面产生了积极的、持续的、深刻的变化，不断实现自我改进、完善与超越，整体提升学业水平、学习质量和生命发展的能量①。从上述的学习属性来看待学习，也引发了浅层学习和深层学习（deep-learning）的讨论，深层学习指向学生的学习程度，是学生从注重符号表征的知识转向注重知识本身学习的过程。学习是一种基于学习者已有经验的迁移学习；学习是着眼于学习者最近发展区的理解性学习；学习是基于学习情境的有意义学习，并非发生在颈部以上；学习是关注学生的情感体验、强调主动意义建构的非认知性学习②。

法国著名生物学与教育科学博士安德烈·焦尔当（2015）也认为，学习是一种"意义炼制过程"，在这一过程中，学习者需要实践操作，实践经验会促进对知识的占有和记忆。他认为学习是自我发问，学习是与现实对质，学习是与他人对质，学习是自我表达，学习是论辩，学习是建立网络。同时，安德烈认为学习者若想掌握一项知识，就必须对先有的概念进行真正的解构，因此学习也是一个解构过程。安德烈将学习的障碍比作一面墙，它阻碍人们通向另一个知识空间，而我们需要对墙进行了解。若墙比较矮，我们可以直接跳过去。若墙比较高，我们也可以徒手爬上去，或者让墙产生一些裂缝，一段时间后它自然会崩塌，并不一定需要不惜一切代价越过去。学习即是解构也是建构，为了学习，个体必须跳出日常的标线，放弃他的习惯。对知识的获取和占有，意味着要颠覆曾有着丰富表征（但解读有误）的某些文本及那些在深层逻辑上不连续的、碎片化的连接。

---

① 靖国平. 论学习的本质属性及其意蕴［J］. 课程·教材·教法，2017，37（3）：12 – 17.
② 郭亦荣. 深度学习的本质、困境及策略［J］. 教学与管理，2018（34）：1 – 4.

随着学习科学的发展，在教育领域中被聚焦的学习研究得到了更为有效的理论支撑。学习科学囊括了诸多学科的成果，并在促进有效学习方面进行了深刻的探究，为学习者创造了有意义的学习模式。学习科学视角下看待学习的观点有：①学习的发生建立在学习者已有经验的基础上；②学习是主动参与社会协商的过程；③学习就是概念转变；④认知支持（脚手架）是促进有效学习的重要策略；⑤基于设计的研究范式成为学习研究的新范式，不仅在研究方法上带来突破，且更适合以问题为驱动来研究不同情境下的学习。

进一步深入探究学习则需要考察学习者的心理机制和脑的变化，尽管心理学中学习的概念更为客观一些，这种概念认为学习的本质只是产生了变化，但并不考虑这种变化的方向（张晓蓉，2009）。当研究者对学习的研究深入到寻求脑科学的依据时，有效的研究成果开始显现。人类对自己大脑进行了经年累月的研究，终于明确大脑才是学习的器官，学习是大脑神经活动的结果，而大脑的发展也即学习的结果。关于学习的脑神经机制逐步明晰，即大脑执行学习过程的基本单位是神经细胞（神经元），神经细胞之间通过突触来联结，形成神经回路，这些神经回路之间通过突触联结后组成神经网络。也就是说，学习的过程一方面引发神经细胞形成神经回路，一方面在神经回路之间建立起联结。那么当人们在进行一种特定的认知或学习时，大脑中某些神经元就会处于活跃状态，它们会改变自身的局部供血，科学家就可以通过检测脑供血区域的变化来追踪认知过程中脑的哪个区域被激活了。实际上，脑科学研究证实，学习本身在改变着大脑的神经结构，进而改变着大脑的功能，这就是大脑的可塑性；而这也能说明不同的人在学习、记忆、行为表现、精神状态等方面存在差异。正是通过运用特定的技术和方法，有关情绪与学习、读写学习、数学学习、科学学习等的大量机制都开始被逐步地发现和证实，这为学习研究和实践提供了更为坚实的基础（吕林海，2013）。

3.3　学习的文化本质

人是研究学习活动的出发点。从历史追溯来看，对人的本质探寻，逐渐接纳人—符号—文化的三位一体。也就是说人创造了文化，文化也教化了人。正如卡西尔所说，"符号化的思维和符号化的行为是人的日常生活的典型特质，人是符号的动物"。人类用符号的形式创造了文化，文化是人类的特质之一，再加上人类的劳作，使得人之所以为人，成为"文化的动物"，即人只有不断地创造文化活动才能实现其作为人的价值①。劳作作为人类特有的活动体系，包含了生产和实践两类活动的内容，生产活动的内容属于劳作第一方面的内容，即指向人类整体的文化创造，学习作为一种文化实践则属于劳作第二方面的内容，即生成文化的人的过程②。

从广义来说，文化是人类群体的习得性行为，它通常反映了这个群体通过社会学习而代代相传的传统。与此同时，文化也得以塑造，以适应环境和目标。文化是共同的意义体系，是"一个复杂的总体，它包括知识、信仰、艺术、伦理道德、法律、风俗以及作为社会成员的个体通过学习而获得的任何其他能力和习惯"③。文化通过多种方式来表现，包括通过个人的行动、期望与信仰，文化不仅仅关系到人们学什么，还关系到人们如何学④。学习者（在学习或实践中）从前人那里继承了文化，但又随着实践的推进和时间的推移，不断调整着"文化实践"以便适应不断变化的真实情境。实际上，文化本身也正是这样一个生生不息的生态体系，是影响人们的思维、行为与脑的生态体系。从这个意义上说，学习所面临的重要调整是对不同文化实践的整合。

因此，学习成为一种文化实践的过程，其特征表现在：

（1）图式建构。图式（schema）表征，是特定概念、事物或事件的认知结构，它影响对相关信息的加工过程，即围绕某一个主题组织起来的知识的表征，是人脑中已有的知识经验的网络。从文化实践的视角，图式的意涵与十九世纪哲学家、心理学家弗朗兹·布伦塔诺（Franz

---

① 卡西尔. 人论：人类文化哲学导引［M］. 甘阳，译. 上海：上海译文出版社，2013：115.

② 刘梅梅. 学习作为文化实践［D］. 上海：华东师范大学，2019.

③ TYLOR E B. Primitive Culture［M］. London：J. Murray，1871.

④ 科拉·巴格利·马雷特，等. 人是如何学习的II：学习者、境脉与文化［M］. 裴新宁，王美，郑太平，译. 上海：华东师范大学出版社，2021：23－33.

Clemens Brentano）在他的《经验主义视角下的心理学》一书所阐释的"意向性（intentionality）"颇为相近，个体正是基于自己的认知框架，才恰如其实地表达出从属个体的一种心灵代表或呈现事物、属性或状态的能力，表明了一种"对特定物的指向"，是"同内容的联系性"。学习基于个体的图式，这种图式或意向性驱使个体把外部的生活世界纳入自身意识的视域，形成文化实践的文化世界，进而成就了个体学习的动机、内容、风格、方式等方面的种种表征。在学习的过程中，当知识习得之后，个体的图式或意向性并不停止作用，而是与感知到的文化进行逐步整合，其效果又反馈到个体学习的目的、意志等心理取向，强化个体的意向性，这种意向性的强化也对个体的学习行为起到持续的指向作用。

（2）自我生成。作为文化实践的过程，学习是一个个体不断自我生成（认知框架和文化属性）的过程，这个过程中既有适应外部文化环境，促进自身文化发展的过程，又有创造新的文化基因，也就是文化继承和文化创新的过程。正是通过这两个过程，个体的潜在可能性向现实性转化，个体的自然属性和社会属性不断向文化属性转化，进而不断进行自我生成①。这种自我生成，也符合建构主义倡导者皮亚杰的观点，也就是通过"同化"和"顺应"使认知结构不断地丰富和优化。以生成观的视角来看待个体的学习，作为一种文化实践的过程，学习表现出两种倾向：一种力图保存旧的认知图式，而另一种则不得不构建新图式。然而，人的学习活动具有开放性，也反作用于实践情境，展现出个体不仅仅满足于对环境的简单适应，而是进行超越环境的创造。不过，不是所有的超越或创新都能得到支持，只有具备文化生存力的创新或超越才能得到持续发展。

（3）差异性和多样化。卡西尔的文化哲学表达了个体的发展过程也是文化成人的过程，个体发展和社会文化发展是不可分割的统一过程，个体的发展实际上就是符号化的过程，这一观点表达出符号与文化生成的普适性或统一性。但从个体的学习过程来看，个体的学习会受到

---

① 刘梅梅. 学习作为文化实践［D］. 上海：华东师范大学，2019.

不同历史时期的社会条件的制约，也会受到丰富多样的文化表现形式的影响。尽管学习者处在"统一的人类文化实践意义背景"中，但个体的成长经历和不同的学习阶段，让学习者之间呈现出差异性。这种差异性既表现在个体符号化过程中不同地域和时期的文化特征和个体遗传因素两方面，还表现在个体的认知图式所赋予的符号感知、符号思维、符号行为等方面，反映了个体的思想、情感及行为模式的差异性。

这些差异性也塑造了个体发展和学习的多样性，同时也是多元文化（multiculturalism）或文化多样性衍生的一个原因，映射出人类生活和现实世界的丰富性及多样性。法国当代后结构主义哲学家和后现代主义思想的代表人物利奥塔（Lyotard）在其著作《差异》中提出差异、多元和多样性是真正重要的，他拒绝普遍真理，而是倡导、维护和尊重多样性，因为它是人类生存的一个基本事实，而不是一种暂时复杂的现象①。当然，将差异和多样性转变为学习实践中的认知资源而非阻碍物，需要学习者转变观念，积极参与到社会化的学习中。

据此，在"社会文化—学习活动"理论指引下有关学习的所有观点都建立在反对简单思维的基础上，而它突破简单思维的起点则是对于心智的重新理解，即心智发展与一定的社会文化生活相联系。在人类生活中，"现实通过符号得以再现，而符号又由文化群体所共享，群体成员必须通过这种符号来组织和构想他们的技术与社会生活。因此心智要是不通过文化，就根本不可能生存下来②"。心智的文化性明显超越了将个人观念与他人经验和公共知识相割裂的二分法。心智虽然看起来是个人观念的"寓所"，但它的运作和内容、存在和发展都需要依靠一定的文化，即需要依靠个体与他人的经验和公共知识相接触。基于上述的讨论，对学习者个体来说，学习表现为在社会文化背景下以越来越复杂的方式理解和回应情境的过程（毛齐明，2011），因而学习意味着学习者不断参与社会文化实践及社会共同体实践，并在尝试解决问题的过程

---

① 徐晓东. 在连接我们的网络世界里共同学习：网络校际协作学习与协作教研的理论和方法［M］. 北京：科学出版社，2014：135–141.

② 毛齐明. 略论"社会文化—活动"理论视野下的学习过程观［J］. 外国教育研究，2011, 38（6）：1–6.

中改变或优化自己原有的观念，形成新的观念（也即个人理论）。

3.4 ▶▶ 学习的社会化本质

3.4.1　学习的社会化

人存在于文化世界之中，个体通过符号活动创造了其存在的文化世界，反过来又通过符号化活动构造了符号化的自己，而文化则反映在个体所生活的历史时代与社会之中。也就是说，文化不仅仅是社会中个体成员的表现，而且也维系了某特定群体（共同体）的存在方式，尽管每个社会共同体内部存在着成员的差异性和多样性。文化协调着学习者所涉及的诸多系统及更广阔的社会境脉，在这样的境脉中，人们参与其中并获得各种体验，为自身适应这个世界而展开学习，而人脑的发展和运作机制也同样是社会境脉化的，表现为在社会交往中高度的社会性互赖。社会关系同样塑造着我们的大脑，人们通过习得这些社会关系来支撑社会认知、情感、情绪、动机和兴趣。大量相关研究验证了学习的社会化本质。

在教育领域，以学校为主的所有学习场都是由文化形塑且在社会境脉中建构的。众所周知，学校提供了各种特定学科或主题的文化知识，同时还提供了让学生彼此互动的环境与实践活动，从而让年轻的学习者获取适应社会需求的必要经验。学校的社会性实践反映的是在长远的社会目标价值指引下的学校文化，通过系列教与学的活动及日常事务的协调安排，让学习者个体沉浸其中，承接着来自不同家庭和成长背景的独特经历和经验。穿行于学校这个特殊的文化社会之中，他们在课堂或者各种学习境脉中，以多种方式表达着对这一群体文化的感知与认同，这就是一种文化适应。而这种适应也修正着学习者在学校这个特殊社群中的学习、思维和解决问题的方式。一些研究者注意到儿童在家庭中使用的语言和课堂中使用的语言的差异，越来越多的研究者拥护社会文化理论，主张"所有学习都是由文化意义系统所塑造并注入了这一系统的社会过程"①，每个人都有机会学习经验，这一经验是他们通过参与所在共同体的文化实践而获得的。

对人类学习的研究更多采纳了人类科学的方法论，这不同于自然科学的方法论。人类科学的方法论是指对于"何谓人"的一种人类哲学的元思考——意味着对于人类的理解以及人类社会存在的洞察。从人类社会与文化历史的视点来看，人类必须从"活动"的视点出发来理解学习。"活动"在学习心理学中是对历来处于优势的"行为"概念的挑战。就像"学习是持续的行为变化"的定义那样，"行为"是用来理解动物学习的。在这里，"行为"重视的是人们的行为特质的均值，均值与适应被视为心理学支援最重要的要素。但是仅凭借均值与适应是不可能超越惰性的制度、创造新的价值的。所谓"活动"的视点批判了这种"行为"概念，是一种挑战性的概念：在人类历史的长河中，创造自己新的活动，突破自身的界限，创造新的生存方式。这不是通过个人行为而进行的，而是借助共同的、小组的、合作的方式创造出新的环境。"活动"概念着眼于这种共同的创造。采取"活动"的视点就是着眼于借助共同的、小组的、合作的方式，创造新的环境的研究，亦即把"学习"视为社会过程的研究。一言以蔽之，人类学习的特质就在于"社会性"。"学习"是一种"社会认知行为，学习原本是社会的过程，离开了社会就不会有成长与变化"。"学习"即人的成长与变化，这种成长与变化是在同他人共同作业的条件下出现的，这就是"学习的社会性"——正是在同他人的共同作业中，个体自己获得了变化②。

3.4.2 社会化学习

从 20 世纪 90 年代开始，研究者们的关注点就已经从个体学习逐步转到组织化学习。而社会化学习（social learning）也不是一个新的概念，它存在已久，主要阐述了在社会情境下个体学习的发生受到社会规范的影响的观点；代表人物是美国心理学家阿尔伯特·班杜拉（Albert

① 科拉·巴格利·马雷特，等. 人是如何学习的 II：学习者、境脉与文化 [M]. 裴新宁，王美，郑太平，译. 上海：华东师范大学出版社，2021：23 – 33.
② 钟启泉. 从学习科学看"有效学习"的本质与课题——透视课程理论发展的百年轨迹 [J]. 全球教育展望，2019，48（1）：23 – 43.

Bandura），他在研究中提出以交互决定论、观察学习、社会认知论为核心的社会学习理论，强调"一个人通过观察他人的行为及其强化结果而习得某些新的反应，或使他已经具有的某种行为反应得到矫正"，由生物性个体变为社会性个体，且这一过程贯穿于人的全部生命周期。这一理论的立足点是观察发生于群体互动示范、群体文化示范和符号示范三种社会联系之中的学习。在今天的新媒体时代，社会化学习概念也得到了发展，有研究把社会化学习解读为"通过社交媒体促进个人、团队和组织的知识获取、共享以及行为改善"①。

在学习的社会化研究中，研究者不再将学习单纯看作个体知识习得的孤立行为，而是把学习根植于真实的社会情境或信息生态环境中，系统地看待个体的认知发展，此时的学习即"社会性学习"，这种观点更接近学习的本质，表现在：①在学习形式上，涵盖所有传统学校教育体制及其以外的一切形式学习；②在学习过程上，强调使个体由生物人变成社会人的社会化过程；③在哲学基础上，社会性学习理论否定了传统学习理论坚持的个体化人性存在方式，认为人性同时具有个体化存在与社会化存在。人类作为生物物种要存在下去，不仅要有不同个体之间的生物学传递过程，还要有文化或社会存在方式的传递过程。学习作为人类的一项基本社会实践活动，是人的主体因素（包含认知因素，如需求、动机、意向及自我概念等）和生理因素（如感知系统、神经系统等）、行为和环境相互作用的函数（吴刚、黄健，2018）；社会化学习从更宽广和更现实的意义上，让学习的研究更为科学。

社会化学习的实质就是促使研究者从不同的视角思考学习的维度，主要是超越个体的维度，去发现社会化学习群中的学习发生在多重并行整合的情境中，这种情境含有迅速增长的社会性因素，而非产生于既有的课堂"自然"的脉络之中。这种分析的目的不仅要探寻社会化学习原有的本质，更重要的是以教学设计者的眼光演化出社会化学习的基本规律，能为现有的教育教学活动所用，让社会化学习在现实的教学中发

①　托尼·宾汉姆，玛西娅·康纳. 新社会化学习：通过社交媒体促进组织转型［M］. 邱昭良，译. 南京：江苏人民出版社，2014.

光发彩。人们分析社会化学习时，如果把它看作某种纯粹的结构，认为其属性是固定的，不随时间而变动，那么理论与争鸣是有违现实的。在学校教学活动中，社会化学习并非机械地依附于某种教学模式或规则来呈现的，整个教学设计的目标、内容、过程、评价、策略等因素组成的教学实践活动框架中本来就具备社会化学习的属性，这些属性犹如生物体基因一样，根据它的发生发展原则，教师和学生可以有效利用或创造出利于所在群体发展的社会化学习环境、氛围，实现"社会性"因素在课堂中的回归（王帆，2014）。

学习的社会文化实践内涵表征了学习者的社会属性，也对学习与社会的关系给出了初步的说明。哈钦斯在《学习社会》中提出了一个"学习社会"的未来图景：学习社会不仅为处于人生任何阶段的每一个成年男女提供闲时的成人教育，而且成功地实现了社会的价值转换。学习社会的目的是学习，是自我实现，是成为人，而学习社会的所有机构和制度都以这一目的为指向。具体而言，在学习社会中，人们不再以工作和经济发展为唯一目标，而是追求"睿智、快乐、美好的生活"，由此教育的价值也回归其本身，致力于培养普遍的人性，而不仅是作为一种与某类工作或某个职位挂钩的训练和信息灌输。在学习社会中，人人都将接受基本的自由教育，心智将得到充分发展，为终身追求自由教育和人格完善奠定基础，终其一生都可以自由学习。因此，所谓的自由教育，是以培养理解能力和思考判断能力为目标，旨在追求至善的人性、自我实现和人格完善的方法，这也是整个社会发展对人的发展的需求。

参考文献

［1］陈卫东，刘欣红，王海燕．混合学习的本质探析［J］．现代远距离教育，2010（5）：30－33.

［2］郭亦荣．深度学习的本质、困境及策略［J］．教学与管理，2018（34）：1－4.

［3］海德格尔．路标［M］．孙周兴，译．北京：商务印书馆，2000.

［4］靖国平．论学习的本质属性及其意蕴［J］．课程·教材·教法，2017，37（3）：12－17.

［5］科拉·巴格利·马雷特，等．人是如何学习的Ⅱ：学习者、境脉与文化［M］．裴新宁，王美，郑太平，译．上海：华东师范大学出版社，2021：23－33.

［6］吕林海. 人类学习的研究历史、本质特征与改进努力：脑科学视角下的解析与启示［J］. 全球教育展望，2013，42（1）：45－52.

［7］刘梅梅. 学习作为文化实践［D］. 上海：华东师范大学，2019：120－129.

［8］毛齐明. 略论"社会文化—活动"理论视野下的学习过程观［J］. 外国教育研究，2011，38（6）：1－6.

［9］王灿明. 体验学习——让体验成为学习和发展的源泉［M］. 上海：华东师范大学出版社，2008.

［10］王帆. 微时代社会化学习本质探寻［J］. 中国电化教育，2014（8）：19－25.

［11］吴刚，黄健. 社会性学习理论渊源及发展的研究综述［J］. 远程教育杂志，2018，36（5）：69－80.

［12］约翰·杜威. 我们怎样思维：经验与教育［M］. 姜文闵，译. 北京：人民教育出版社，1991.

［13］杨刚，徐晓东，刘秋艳，等. 学习本质研究的历史脉络、多元进展与未来展望［J］. 现代远程教育研究，2019，31（3）：28－39.

［14］钟启泉. 从学习科学看"有效学习"的本质与课题——透视课程理论发展的百年轨迹［J］. 全球教育展望，2019，48（1）：23－43.

［15］曾文婕. 学习哲学视角下学习型社会建设的深化之路［J］. 南京社会科学，2018（3）：143－150.

［16］KOLB D A. Experimental learning：experience as the source of learning and development［M］. Englewood Cliffs：Prentice Hall，1984.

［17］DE KRUIJFA M，JAN STOBBELAARA D. Network learning as an educational principle in higher education［J］. Procedia-social and behavioral sciences，2015（186）：694－698.

［18］REED M，et al. What is social learning？［J］. Ecology and society（online），2010，15（4）.

［19］HUTCHINS R M. The learning society［M］. New York：Frederick A. Praeger，1968.

第 4 章　学习与认知发展

从人类文明的视角出发，无论是东方还是西方，人类对于自身特有的心智（mind）进行了孜孜不倦的探索。西方的传统文化试图通过直接观察或传统思辨的方式来解开关于心智的谜题。苏格拉底提出的"认识你自己"和柏拉图强调的"理念论"等，都是西方先哲关于人类心智问题的某种哲学思考或理论解释；在东方传统文化中，儒家、道家、佛家等都发展出了相对独立的心性学说①。直到实验心理学之父——冯特于1879年在莱比锡大学建立了第一个心理实验室，人类才开始以科学、实验的方法研究人的心理现象。经历了内省主义（introspectionism）和联结主义（behaviourism）的统治后，一场"认知革命（cognitive revolution）"悄然而至，人的主观意识和内部心理过程被纳入研究的范畴。20世纪70年代以后，认知心理学逐渐暴露出诸多问题，如忽略了人所处的社会文化背景等。近年来，越来越多的心理学家开始对人的身体、所处环境、社会文化等方面进行研究。在此背景下"具身认知（embodied cognition）"出现在人们的视野中，有关认知发展和身体动作之间的跨学科系统研究继而广泛、深入地开展。20世纪90年代以后，脑科学成像技术逐渐成熟，对于认知发展的研究进一步深入②。

4.1　学习与脑

近20年来，认知科学领域最引人注目的进步之一就是在大量的研究中验证了大脑与学习的相互关系。《转变对八岁以下儿童的服务工

---

① 焦彩珍. 具身认知理论的教学论意义 [J]. 中国社会科学文摘，2021（1）：159-160.
② 方方，王佐仁，王立平，等. 我国认知神经科学的研究现状及发展建议 [J]. 中国科学基金，2017，31（3）：266-274.

作：统合的基础》这一研究报告中提到这样的关键发现：从胚胎到 20 岁，人脑都处在有序的发展中，首先发展的是生命功能和自主功能的控制过程，然后是认知、运动感觉和知觉过程，而复杂的整合过程及价值驱动的决策过程则在最后得到发展。大脑是极度复杂的，不过在学科整合方式的研究中，教育神经学科迅速发展，脑科学研究以脑和神经系统为研究对象，探讨人脑的功能，试图揭示大脑的工作原理，脑研究探究人脑如何工作与学习，诸如感知、意识、无意识、注意、态度、行为、记忆以及情感等如何影响学习[①]。研究者在回答"人是如何学习"这个话题时更为科学而自信，当"人的大脑如何学习"这一复杂问题逐渐清晰地呈现在我们面前时，2010 年出版的《理解脑：新的学习科学的诞生》[②] 一书展现了相关的研究成果，为理解大脑是如何学习的提供了许多新依据、新观点，尝试揭开大脑学习的"黑匣子"，本章以此为基础从三个方面作了综述：

（1）人脑神经元的可塑性是学习的前提。脑科学的研究证实，大脑发育成熟以后仍然存在可塑性，只要提供适宜的刺激和经验，大脑就会产生可塑性的变化，而且这种可塑性不会因为年龄的增长而丧失；另有研究发现，大脑某些结构具有终身可塑性，也就是说，即使在大脑发育成熟以后，受经验的影响或经过长期的学习、训练，大脑结构仍然可以发生改变[③]，即老年人仍然跟年轻人一样具有学习能力，可以进行某些新的机能的学习。

（2）人脑神经结构的发展是学习的结果。人类在出生以后，神经网络会不断修饰，神经元之间时而建立连接且连接得到加强，即"突触"（synaptogenesis）发生，时而连接变弱并最终消失，即"修建（pruning）"。人脑的学习能力不仅受神经元数量的影响，也受神经元联结强度的影响，它们是学习发生的基础器官和结构。从整体看，脑右半

①　MADRAZO G M J, MOTZ LAMOINE L. Brain research：implications to diverse learners ［J］. Science educator, 2005, 14（1）：56 – 60.

②　经济合作与发展组织编. 理解脑：新的学习科学的诞生 ［M］. 周加仙等，译. 北京：教育科学出版社，2010.

③　KOLB B, GIBB R, ROBINSON T E. Brain plasticity and behavior ［J］. Current directions in psychological science, 2003（1）：1 – 5.

球在空间和面孔识别学习中发挥着关键作用，而脑左半球的主要神经网络与语言、数学和逻辑的掌握有关。具体来说，对学习和记忆起着关键作用的海马区，通过突触形成、突触修剪、突触增强、突触减弱的方式，使神经元之间的突触联结不断得到修饰，神经元和神经联结不断产生。在持续的学习过程中，最活跃的神经联结不断加强，最不活跃的神经元不断减弱，通过这样不断地适应性修饰，大脑的神经结构得到发展。另外，在社会认知神经科学中，"镜像神经元"的发现，证明了高级的社会认知活动的脑机制（所谓的镜像系统），相关研究也显示社会和文化因素与生物因素一样影响着学生的学习生活①。

当前脑科学与教育的结合日益密切，学习的相关理论（如建构主义学习理论、情境学习理论等）与脑科学的研究成果也一直密切结合，有研究者提出"脑学习理论"，即借助神经科学对脑工作原理的探究，以更好地运用学生学习与发展的学习理论。此类理论如唐纳德·赫伯（D. O. Hebb）的神经学习理论、安东·劳森（A. E. Lawson）的编码理论、莱斯利·哈特（L. Hart）的成就理论和霍华德·加德纳（H. Gardner）的多元智力理论等。他们的研究表明，教学只要适应脑的天性，让全体学生学会学习是完全可能的。脑学习理论主张教育工作者要为学习者提供丰富的学习机会，通过体验增进有意义的学习，此理论为创建有效教学提供了一种生理学的动力机制。这在教学实践领域也进行了不懈的探索和改革，呈现出一系列学习模式，如掌握学习、学习风格、多元智力、合作学习、实践模拟、体验学习、基于问题的学习等②。

4.2 ▶▶ 学习与认知发展

认知发展理论最早可溯源到 20 世纪 60 年代，皮亚杰提出了认知发展阶段理论，他也强调生物体自身的成熟发展、认知发展在很大程度上

---

① 经济合作与发展组织编. 理解脑：新的学习科学的诞生［M］. 周加仙等，译. 北京：教育科学出版社，2010.

② 柳国辉，谌启标. 脑学习理论及其对有效教学的启示［J］中国教育学刊，2011（8）：49－51.

是个体"由内而外"进行的。维果茨基（1930）则从不同的视角强调环境的作用，提出认知发展在很大程度上是通过内化，"由外向内"进行的。他认为认知发展实质上就是由低级心理机能向高级心理机能转化的过程。

研究认知的目的是从心理学的微观视角探究学习的机制，相关的研究结论如：认知是"人脑反映客观事物的特性，是事物对人的意义与作用的心理活动，也即个体获得知识的过程"（林崇德，1996）；认知是使信息处理和知识发展得以进行的一系列过程，不仅包括感觉、知觉、学习与记忆、意识等，还包括社会行为、决策，推理等（李澄宇、杨天明等，2016）；认知是指人们获得知识或应用知识的过程，或信息加工的过程，是人最基本的心理过程，包括感觉、知觉、记忆、思维、想象和言语等，人脑接受外界输入的信息，经过头脑的加工处理，转换成内在的心理活动，进而支配人的行为，这个过程就是信息加工的过程，也就是认知的过程（彭聃龄，2019）。

随着脑功能成像技术的成熟、认知神经科学的兴起，不少研究者开始从脑神经的层面对认知进行研究。Gazzaniga（1988）最早提出"认知神经科学"即人类大脑如何调用各层次的组件，包括分子、细胞、脑组织区和全脑去实现自己的认知活动。他们通过研究大脑如何调用其生物学意义上的构成去实现人的复杂认知来阐明和揭示人脑机制与认知发展之间微妙而又复杂的关系。

4.2.1　认知科学的推动

认知科学是 20 世纪世界科学标志性的新兴研究门类，它作为探究人脑或心智工作机制的前沿性尖端学科，成为教育教学研究的重要支撑。认知科学的重要进展得益于脑科学的发展，其研究领域包括：语言习得、阅读、话语、心理模型小概念和归纳、问题解决和认知技艺获得、视觉的计算、视觉注意、记忆、行为等。认知学家的兴趣在于研究人如何获取、加工、保持和利用信息，并以此作为行为和获得后续知识的基础，他们通常采用两条基本策略来研究这些问题。第一条策略是建立认知过程的计算机模型，第二条策略是研究对真正的脑进行电刺激或化学刺激的效应，观察脑损伤的影响，或者记录正在进行各种信息处理作业的受试者的脑活动。

学习是基本的认知活动，是积累经验与知识的过程，也是把握和理解外部事物前后关联的过程，通过学习改善系统行为的性能。Peters L. 等（2019）认为通过对特定学习障碍（如阅读障碍、计算障碍等）的研究可以理解我们的认知发展、遗传机制和大脑功能，但这种方法存在局限性。于是，他们提出了一个新的研究策略，从超越学习领域的多层次、多因素视角去探究，这种新的研究策略更有利于理解学习的发生与发展。如 C. L. Wu 等（2021）揭示磁共振成像（MRI）如何应用于教育研究，MRI 神经影像学和学习研究分为三大主题和九个子主题：认知功能（语言、创造力、音乐、体育活动）、科学教育（数学学习、生物学习、物理学习）、大脑开发（育儿、个性发展）。研究发展的趋势表明，有关神经可塑性的研究尤为突出，在教育研究中，MRI 神经成像方法提供了客观证据来连接学习过程、结果和大脑机制。J. M. Dubinsky 等（2019）讨论了神经科学知识对教师及其实践的贡献。教师在专业发展以及教学实践中利用神经科学，针对认知与学习的研究结果改进教学，真正运用了以学习者为中心的教学法，促进学生的高阶思维和深度学习。教师计划并接受涉及建模、实验、讨论、分析和综合的教学法，提高学生的课堂参与度。M. Versteeg 等（2020）从迷思概念出发，探索学习的潜在机制，通过对科学知识概念的理解者和持有错误观念的误解者的磁共振成像进行比较，观察他们之间的大脑活跃情况。结果表明，与持有错误观念的误解者相比，对科学知识概念的理解者的认知抑制相关脑区没有发现显著的活跃，所以不能确定认知抑制与克服误解有关。相反，与对科学知识概念的理解者相比，持有错误观念的误解者的壳核更活跃，这表明在持有迷思概念的误解者的学习发生时，情境记忆发挥了作用。这对教育的启示是，教学活动和学生迷思概念的转变应该关注学生的学习情境，清楚了迷思概念产生的情境后，教师在之后的教学活动中创造情境，转变了迷思概念，这说明了情境教学的科学性与重要性。

N. G. Feng 等（2021）对内隐学习（implicit learning，IL）与人的潜能开发之间的关系进行了探讨和研究，研究的贡献有三个方面。首先，文章基于形态关联记忆统一框架（UFMAM）理论，对形态学神经网络（MNN）仿真内隐学习进行了深入探讨。由于形态学神经网络和形态关联记忆统一框架理论都基于严格的数学形态学，因此该研究建立在坚实的理论基础上。其次，他们设计了三个实验，根据形态关联记忆统一框架理论对结果进行了分析和讨论，从而进一步扩大了内隐学习研究的深度和广度，提供了新的仿真方法和研究实例，建立了内隐学习的形态学神经网络模型。第三，它为人工神经网络、人工智能、认知心理学、神经科学和脑科学的协调发展提供了范例。研究表明，基于形态学神经网络的内隐学习模型在自动化、理解、抽象和抗干扰方面优于传统的内隐学习模型。因此，它将在内隐学习的未来研究中发挥重要作用，并为揭示内隐学习的神经机制带来新的灵感。形态学神经网络与内隐学习之间有着不可分割的关系，即前者为后者提供了新的研究工具和手段，而后者则为前者提供了心理和神经科学支持，这将使两者都具有更坚实的科学基础。有理由相信，计算机模拟内隐学习等认知现象，对促进多学科协同发展具有重要影响。

4.2.2　社会文化历史学派的观点

社会文化理论的前身是由维果茨基（Lev Vygotsky）以及其团队（通常称作 Vygotskian scholars，即维果茨基学派）提出的文化历史心理学（cultural-historical psychology）或称文化历史理论（cultural-historical theory）。沃斯（Wertsch）于 1985 年提出用 SCT 来代替原来的术语，表示人类的思维功能是通过参与和借用（appropriation）融入社会活动中的某种文化调节形式（forms of cultural mediation）而得到发展的观点。其理念经过多年的发展，已经深入至不同的学科领域，包括人类学、教育语言学、应用语言学和第二语言习得。哈佛大学的 Cole（1978）在翻译维果茨基未出版的手稿时发现，维果茨基也将游戏作为认知发展的重要因素，它创造了最近发展区，并发展了抽象思维（维果茨基，1966）。

维果茨基作为社会文化历史学派的创始人，采用社会文化历史的观点解释人类认知的发展，在其思想上发展出来的社会文化理论（sociocultural theory，SCT）可被用于"解读人类思维功能与文化、历史和教育背景之间的关系"。维果茨基除了在哲学上受斯宾诺莎的哲学、黑格尔的辩证法和马克思、恩格斯的历史唯物主义的影响外，在对心理学学科性质的理解上还受到狄尔泰以历史和文化为基础的"人文科学"观念的影响。基于此，心理学像历史学一样，被定位在以文化和历史为基础的人文科学的视野之内，心理学的研究过程必须采纳一种文化取向的、以意义为中心的研究方案。①

维果茨基（1930）把辩证唯物主义的方法和原则看成是解决科学矛盾的关键，认为所有现象都应该在运动与变化的过程中研究，量变和质变是所有现象都具有的历史特征。他首次明确提出高级心理机能的社会历史起源说，认为研究人的心理活动必须区分两种心理机能——低级心理机能和高级心理机能。认知发展的实质是低级心理机能向高级心理机能的转化。维果茨基将人的心理机能分为两种，一种是自然的、直接的低级心理机能，主要包括感觉、知觉、注意、记忆、情绪等；另一种是社会的、间接的高级心理机能，主要包括语言、思维、逻辑推理、想象、情感、意志及个性等，为人类所特有。两种心理机能相互联系，个体低级心理机能的获得是生物进化的产物，而人类高级心理机能的形成则是社会文化历史发展的结果。此外维果茨基揭示了"内化"的规律：最初代表外部活动的操作被重构，内化开始发生；人际过程转化为内部过程；人际过程向个人内部过程的转变是一系列事件发展的结果。且文化发展的每种功能都会在两种水平上出现两次。首先是社会水平，然后是心理水平；首先在人与人之间，作为一种心里（inter-psychological）范畴，之后在儿童内部，作为一种心理（intra-psychological）范畴。

在社会文化的内化过程中，社会活动、在活动中使用的心理工具以及高级心理机能所具有的中介性这三个要素起到了促进作用。马克思的历史唯物主义观在维果茨基的理论中起到了十分重要的作用，劳动与工具的使用是人类改变自然、改变自己的工具（胡飒，2011）。通过对人的实践活动的深入分析，维果茨基指出：人的心理是在活动中发展起来

---

① 熊哲宏，李其维. 论儿童的文化发展与个体发展的统一性——维果茨基与皮亚杰认知发展理论的整合研究论纲 [J]. 华东师范大学学报，2002（1）：1-11.

的，是在人与人之间的相互交往的过程中发展起来的；人类的活动是创造文明、传承文明的活动，这种活动与动物的活动本质区别就在于人的活动中有工具的使用。恩格斯有关人类劳动与工具使用的概念也被维果茨基进行了创造性的发挥（卢敏，2012），人与环境通过交互协调这一概念起初是用在工具上的，他将其延伸到符号上。与工具系统一样，符号系统（包括语言、书写、数字系统）也是在人类历史过程中创造出来的，并且随社会形式与文化发展水平的变化而变化。人们在实践中主要是凭借语言符号系统的中介实现对外部世界的把握和改造（闫艳，2011）。人类的心理也有"精神生产工具"，也就是"心理工具"，指人类社会特有的信号、符号、口头或书面语言、公式、图像等。不论是社会活动还是人类的精神活动都以工具和符号为中介（维果茨基，1930）。产生工具和符号的过程中凝结着人类的间接经验，即社会文化历史经验。因此，人类心理发展的规律受社会历史发展的制约。儿童发展的过程就是儿童通过使用符号化的"心理工具"逐步掌握自己"固有的"心理机能的过程。高级心理机能的发展也依赖语言，语言是人类认识和理解世界的一种中介工具，也是一种思维工具，这是高级心理机能发生发展的根本原因，也是其区别于低级心理机能的本质特点。在维果茨基（1930）的观念中，个人发展变化的机制根植于社会和文化中。卢敏（2012）曾这样总结道：社会文化对人类的认知发展影响巨大，人的语言、认知与社会发展都是社会文化建构的。学习与发展不仅是认知过程，也是社会过程。二者并非相互独立，而是相互作用和相互影响的，学习先于发展并有助于发展。语言发展与认知发展关系密切，它有助于儿童认知思维方式的发展，社会交互则是所有语言学习的基础。语言最早只是儿童进行社会交互的工具，逐渐成为组织儿童的行为、管理与指导思维的根本所在。儿童将语言形式内化后，语言在发展过程中的角色就由社会工具转向个人工具。也就是说，儿童的自我中心语言实际起调和儿童思维与行动的作用，有助于其认知的发展。在认知发展过程中，儿童早期阶段的思想与语言是各自独立平行发展的，在儿童能够支配语言之后，语言与思想合二为一。在这一过程中，交互仅仅是促进认知发展的内在动力。简而言之，维果茨基的认知发展理论强调社会文化是影响认知发展的要素，认知思维与语言发展有密切联系。

显然，在维果茨基看来，社会文化决定个体心理含有下列图式：集体（社会）活动→文化→符号→个体活动①。由此，维果茨基认为，教育与学习是人的心理发展形式，并将最近发展区这一概念引入学校学习。在确定学习与发展能力的真实关系前首先要确定两种发展水平：一种水平可称为实际发展区（actual development level），即作为某些已完成的发展周期的结果，儿童已确定的心理功能发展水平；二是通过成人指导或与能力较强的同伴合作解决问题而确立的潜在发展水平。维果茨基把两种发展水平之间的区域称为最近发展区。

社会文化历史学派的进一步发展为后世留下了丰富的精神财富，但由于维果茨基不断提出新观点并英年早逝，因此他未能进一步修改完善其理论，其理论不可避免地存在些许纰漏。但任何理论都处在发展变化中，其学生亚历山大·鲁利亚（Alexander Romanovich Luria）（1960）就进一步阐述了维果茨基的功能学习系统（functional learning system）概念，强调社会因素的决定作用，弥补了维果茨基将低级心理机能和高级心理机能割裂开来的缺陷，也更深刻地剖析了心理的本体——脑的社会文化历史作用，是文化历史观在唯物主义视角上的深刻体现。阿列克谢·列昂捷夫（Alexei Nikolaevich Leontyev）针对维果茨基的关于"活动在人的高级心理机能产生与发展的巨大作用"缺乏实证的缺陷，对维果茨基的活动理论进行进一步的补充和发展，并从活动的范畴出发，对"社会文化历史对人心理发展的决定作用"进行了完整的解释，弥补了维果茨基文化历史观中将人看作消极适应环境这一观点的不足。

此外，列昂捷夫和鲁利亚称自己是维果茨基路线的继承人和发展者，成立了维果茨基—列昂捷夫—鲁利亚学派，该学派从历史、文化的角度出发，建立人的身心发展理论，因此也被称为"社会文化历史学派"，该学派后来发展为苏俄历史上人数最多、影响最大的学派。

---

① 王光荣. 发展心理学研究的两种范式——皮亚杰与维果茨基认知发展理论比较研究 [J].
华中师范大学学报（人文社会科学版），2014，53（5）：164－169.

参考文献

［1］邓鹏．面向高阶认知发展的成长式问题化学习（GPBL）研究——概念、设计与案例［J］．远程教育杂志，2020（3）：76－85.

［2］方方，王佐仁，王立平，等．我国认知神经科学的研究现状及发展建议［J］．中国科学基金，2017，31（3）：266－274.

［3］焦彩珍．具身认知理论的教学论意义［J］．中国社会科学文摘，2021（1）：159－160.

［4］林崇德．认知发展与社会认知发展［J］．心理发展与教育，1996（1）：50－55.

［5］李澄宇，杨天明，顾勇，等．脑认知的神经基础［J］．中国科学院院刊，2016，31（7）：755－764.

［6］刘俊生，余胜泉．分布式认知研究述评［J］．远程教育杂志，2012（1）：92－97.

［7］卢敏．基于社会文化理论的语言习得研究［J］．学术论坛，2012（8）：205－209.

［8］刘宁，余生泉．基于最近发展区的精准教学研究［J］．电化教育研究，2020（7）：77－85.

［9］列夫·维果茨基．社会中的心智：高级心理过程的发展［M］．麻彦坤，译．北京：北京师范大学出版社，2016.

［10］彭聃龄．普通心理学：第五版［M］．北京：北京师范大学出版社，2019.

［11］秦丽莉，何艳华，欧阳西贝．新手教师情感对认知发展影响的叙事研究［J］．现代外语，2019（42）：818－829.

［12］秦丽莉，郭倩茹，姚澜，等．基于CiteSpace的国外社会文化理论研究可视化分析（1996－2020）［J］．江苏海洋大学学报（人文社会科学版），2021，19（1）：92－103.

［13］王光荣．发展心理学研究的两种范式——皮亚杰与维果茨基认知发展理论比较研究［J］．华中师范大学学报（人文社会科学版），2014，53（5）：164－169.

［14］王光荣．维果茨基的认知发展理论及其对教育的影响［J］．西北师范大学学报（社会科学版），2004（6）：122－125.

［15］王琪．对维果茨基心理学理论中文化历史观的研究［D］．长春：吉林大学，2007.

［16］王晶，郭成，廖礼惠．建构教育心理学与认知神经科学之间的联系［J］．心理探索，2009（6）：30－33.

［17］熊哲宏，李其维．论儿童的文化发展与个体发展的统一性——维果茨基与皮亚杰认知发展理论的整合研究论纲［J］．华东师范大学学报，2002（1）：1－11.

［18］张博. 从离身心智到具身心智：认知心理学研究范式的困境与转向［D］. 长春：吉林大学，2018.

［19］张莉云. 维果茨基认知发展理论的当代发展及教育启示［D］. 长春：东北师范大学，2008.

［20］钟启泉. 最近发展区：课堂转型的理论基础［J］. 全球教育展望，2018（1）：11－34.

［21］LANTOLF J P，秦丽莉. 社会文化理论——哲学根源、学科属性、研究范式与方法［J］. 外语与外语教学，2018（1）：1－18.

［22］LANTOLF J P, et al. Sociocultural theory and concept-based language instruction［J］. Language teaching，2021，54（3）：327－342.

［23］KIM J，LANTOLF J P. Developing conceptual understanding of sarcasm in L2 English through explicit instruction［J］. Language teaching research，2018，22（2）：208－229.

第 5 章　面向理解的深层学习

5.1　深层学习的内涵

　　"深层学习（deep learning）"一词由马顿和萨尔乔在 1976 年首次提出。他们认为深层学习是人的一种学习状态，其内涵是一个不断深化的过程。学习者出于不同的学习目的会关注学习材料的不同方面，并采用两种对应不同层次的学习过程，这两种不同层次的学习过程一种是深层学习，一种是浅层学习。

　　在心理学意义上，"认知"可被视为一种信息加工过程，包括信息的接受、编码、存储、提取与运用，类同于学习的过程。因而"深层认知"在一定程度上可以等同于"深层学习"的一部分。而教育领域的 deep learning 在内涵上更为丰富，涉及认知、情感、行为等多维度的投入，不仅是一个认知过程，同时也蕴含着积极的学习动机与高阶的学习结果。从研究缘起追溯，教育领域的深层学习经历了由深度加工（deep-level processing）、深度水平的学习（deep-level learning）到深层学习（deep learning）的演化，其内涵在不断地丰富。

　　深层学习是大脑在学习过程中认知加工水平的深层处理，是人学习所能达到的不同层次。因此，在教育领域中的 deep learning 可以理解为"深层学习"。浅层学习就是一个浅层加工。在浅层加工中，学习者一般将注意力放在学习文字本身，学习者如果仅仅关注文字本身，关注字面意思，就是一个浅层加工，是一种复制型的学习观念，主要采取死记硬背的学习策略。在我国中小学的课堂上，死记硬背的学习策略依旧较为普遍，这与学习科学所阐述的"人是如何学习的"是背道而驰的。而深层学习也就是深层加工，学习者指向的是学习材料意向型的内容，即学习的目的是理解作者和文字背后所想表达的意义，意味着在理解的基础上，学习者能够批判地学习新思想和事实，并将它们融入原有的认知结构中，在众多思想间进行联系，并能够将已有的知识迁移到新的情境中，作出决策和解决问题①。

从学习的本质及知识的特点出发，深层学习的过程是将知识进行记忆、理解、运用、分析、评价、创造的过程。其中，知识的记忆、理解主要是知识的打开与接受，而知识的运用、分析、评价、创造主要是知识的内化与外化过程。知识的内化主要是个体对知识的主观认识及意义生成，知识的外化是指将知识运用于解决实际问题的过程，已有的知识并不能完全解决现有的问题，需要对知识进行创造。因此，走向深层学习要深度思考知识的性质与价值转向，即知识学习主要是学生能力发展的一种符号、中介和工具，并且是促进学生思维发展的重要依托。为有效促进学生思维的发展，知识学习需要一个由简到难、由静到动、由意义接受到辩证评价的递进过程。深层学习主要把知识看作学生实现知识运用、思维发展的一种中介，同时知识运用、思维发展又促进学生对知识的学习，是相互作用的统一过程。②

5.2 深层学习的本质

综合国内外对深层学习的一些研究，我们可以大致从学习方式、学习过程、学习结构和学习目标四大视角来理解深层学习。

学习方式：深层学习是一种主动寻求联系与理解、寻找模型与证据的包含高水平认知的学习方式，与之相对的是机械学习和记忆孤立信息的浅层学习方式。

学习过程：深层学习是一种学生积极参与和高度投入的学习过程。

学习结构：深层学习是通过让学生真正理解学习内容促进长期保持，从而使学生能够提取所学知识，解决不同情境中的新问题的学习结构。

学习目标：深层学习是学生胜任 21 世纪学习、工作与生活必须具

---

① 何玲，黎加厚. 促进学生深度学习 [J]. 现代教学，2005（5）：29–30.
② 王明娣. 深度学习发生机制及实现策略——知识的定位与价值转向视角 [J]. 西北师范大学学报（社会科学版），2021，58（2）：61–68.

备的一组知识技能的总称，主要包括掌握核心学科知识、批判性思维和解决复杂问题、团队协作、有效沟通、学会学习、学习毅力六个维度的基本能力。这些能力可以让学生灵活地理解和掌握学科知识以及应用这些知识去解决课堂和未来工作中的问题。

深层学习与浅层学习相对应，研究者从不同的视角提出深层学习的内涵，深层学习与浅层学习在学习目标、学习方式、学习过程和学习结果等方面都有明显的差异。Entwistle（2000）从学习目的、学习方式、学习结果出发对深层学习和浅层学习进行了一个比较。从学习目的来说，深层学习的目的是自我理解，寻求意义；而浅层学习是为了应对课程，简单复制，也就是死记硬背。从学习方式来说，深层学习首先注重将想法与以往知识和经验相联系，其次注重寻找模式和基本原则，而浅层学习往往把课程当作不相关的零碎知识，学习时机械地记忆事实或执行既定程序。此外，深层学习中强调批判性思维，如无必要一般不使用死记硬背。从学习结果来说，深层学习能让学生意识到自己在学习过程中的发展性理解，积极主动且有兴趣地参与课程内容；浅层学习则会导致学生发现难以理解的新概念、新方法，在课程或任务中看不到价值或意义、在学习中时常感到过大的压力和焦虑。

学习逻辑是深层学习的核心，其回答"如何学"的问题。要理解深层学习的本质，就需要认识学习的本质及其发生机制。经验主义认为学习是简单的记忆；行为主义认为其是在反复"刺激—反应"的训练中产生的行为改变；而认知主义则认为其是在已有知识基础上形成的新的认知结构。上述对学习本质的认识，反映了从接受式学习到建构式学习的变迁，从某种层面上也体现出学习是一个复杂而立体的系统。相较而言，安德烈·焦尔当对学习的本质及其发生机制的解释与深层学习更为契合①。他认为学习是问题、可参照知识的状态、心智处理、语义网络和意义符号交互作用的结果，并非对概念的记忆，而是基于一系列可以启动和引发概念运用的问题，借助思考、推理等程序，通过建立概念

---

① 龚静，侯长林，张新婷．深层学习的发生逻辑、教学模型与实践路径［J］．现代远程教育研究，2020，32（5）：46–51.

关联和主动质疑使关联活化，进而完成对概念的转化和知识的扩建，其本质是心智结构的全面重组和持续优化（裴新宁，2008）。

5.3 影响深层学习的因素

在综述教育领域进行深层学习的研究时，我们发现影响学习者深层学习的因素大致可归纳为主体性因素（学生的学习动机、教师的教学投入等）、过程性因素（教学方法、模式）与结果性因素（学习评价）三种类型[①]。

5.3.1 主体性因素：学生、教师

学生的学习涉及学生与教师双主体，学生自身的动机因素与教师对教学的投入，如学习材料的选择，对学生的情感投入等，都会对学生学习方法产生影响。在学生层面，深层学习方法常常伴随着强烈的内在的学习动机，学习目的指向学习本身。在教师层面，从教师的热情与支持等部分着手，探究教学因素是如何影响学生选择学习方法的。结果显示，"教师的热情与支持"对学生采用深层学习方法影响最为深刻，"为学生提供的相关知识"也会对学习方法的选择产生直接影响。教师通过提供适当的教学材料、投入高度的情感等促进学生内在动机的驱动与行为、认知、情感的参与，引导学生进行深层学习。

5.3.2 过程性因素：教学方法、教学模式

教学方法、教学模式等在教与学的互动中属于过程性状态，构成了影响深层学习的过程性因素。从教学方法来说，以学生为中心的教学方法对学生深层学习的生成有积极作用，在以学生为中心理念指导下的教学模式，能促进学生的深层学习；从教学观念来说，不同于浅层学习以教师为中心、以内容为导向，深层学习是以学生为中心，以学习为导向；从动机来说，深层学习是出于自身的需求，而浅层学习则是因为外部的压力；从投入程度来说，深层学习强调主动高投入学习，浅层学习则是被动低投入学习；从迁移能力来说，深层学习能把所学知识迁移应

---

① 付亦宁. 深度（层）学习：内涵、流变与展望［J］. 南京师范大学学报（社会科学版），2021（2）：67－75.

用到实践中，这是浅层学习无法实现的。

5.3.3　结果性因素：学习评价

第一，评价方式影响学习方法的选择。评价可以推动学生学习，但这种驱动力并非总是朝着积极的方向发展的，形成性评价有助于学生的深层学习，而终结性评价会诱导学生的浅层学习。形成性评价对深层学习的促进得益于自身的几点优势，即培养学生的深层思维、维持学习动机与自尊、鼓励自主学习。第二，学习结果的测量与描述。深层学习结果的测量工具主要有学习过程问卷。该问卷的每个维度都是动机与策略的组合，区分出浅层学习、深层学习、策略学习三种学习方法。

综上所述，深层学习方法的选择受到诸多因素的影响。横向上看，其受学习动机、教学/学习策略、学习评价等多个因素影响；纵向上看，从学习者的准备状态到学习过程再到学习结果的各环节都会影响深层学习方法的选择，深层学习方法贯穿了学习全过程。

5.4　面向理解的深层学习的实践路径

理解是有效学习的重要标志和要求，面向理解也是深层学习的核心思想。在教学实践中，为促进深层学习的发生，教师需要基于学生的"最近发展区"，通过设计恰当的学习目标、学习内容和教学活动，帮助学生循序渐进地达成高阶知能的发展[①]。面向理解的深层学习的实现路径为：

5.4.1　明确深层学习的"最近发展区"

维果茨基用"最近发展区"来描述学生现有发展水平与潜在发展水平之间的差距，认为基于"最近发展区"确立教学目标、任务和组织教学，是促进学生发展的最佳教学。面向深层学习的"最近发展区"应当是：无论学生自己怎么学都不能轻松"够得到"，但在教师的帮助下学生能"够得着"的发展水平。深度的"教"应着眼于学生当前的"最近发展区"，并为其进入"新的最近发展区"提供教学支持。因此，

---

① 龚静，侯长林，张新婷. 深层学习发生的逻辑、教学模型与实践路径 [J]. 现代远程教育研究，2020，32（5）：46-51.

明确学生的"最近发展区"以及可能达到的"新的最近发展区",才是面向深层学习的教学设计的起点和依据。教师一方面可以设置有张力、有层级的问题,通过递进式的提问来检测学生的先前知识、认知结构和学习策略,进而判断出学生的"最近发展区";另一方面可以通过对话、观察、访谈等方式及时把握学生可能进入的"新的最近发展区",以便对教学设计进行动态调整。

5.4.2　设置适切的深层学习目标

深层学习的目标是实现有效的理解,在知识维度上注重知识的应用和创造,在认知维度上强调高阶知能的发展和迁移。然而,任何学习目标都是表层目标和深层目标的结合体,教师如果随意拔高学习目标或过于侧重针对低层学习目标的训练,都会加重学生的学习负担,致使全面的学习目标难以达成。对于深层学习而言,尤其应当避免在该深入的地方浅尝辄止。制定深层学习目标既要考虑挑战性,也要考虑挑战提升的幅度,让学生清楚目标与现状的差距,从而更好地维持学习动机和制定学习策略,最终完成学习任务。同时,将学习目标与学生的知识和认知水平差距控制在适当范围,这能够为教师的教学设计提供更为明确的指引,也为学生的学习提供更加适切的支持。

5.4.3　重构揭示知识本质的学习内容

学科知识之间是存在关联的,其复杂的内在结构和发展脉络未必契合学生的认知水平,因而不加处理的原始呈现不利于学生的深层学习。合理地选择、重组、改造和活化知识是促进深层学习发生的关键。首先,应当根据学习目标剖析学习内容,在兼顾学科知识整体结构的同时,选择与学生的"最近发展区"和"新的最近发展区"相符的内容。其次,需要挖掘出前后、左右、上下知识之间,以及知识与学科之间的联结点,并基于这些联结点设计具有挑战的教学主题。最后,应当采用多模式、多类比、多角度、多案例的形式对知识序列进行组合和呈现,从而重构出能够触及知识本质的学习内容。其具体做法包括:创设多种情境,让同一知识多次"进入",以促进对知识更为全面的理解和认识;设计多种变式,促进知识在非良构领域中的应用,进而揭示知识间的细微变化及关联。

5.4.4　开展聚焦"迁移"的教学活动

面向深层学习的教学活动设计，需要在教学的各个环节充分考虑深层学习的特征，以启发式教学、问题式教学、高阶思维训练等为手段，设置一系列能够激发学生深层次认知加工的教学活动。这些教学活动应当以"问题解决"为导向，按照"是什么""怎么做""为什么"的顺序推进，将发现、探究、反思等体现深层学习特征的学习活动穿插在课前、课中、课后等教学环节中，通过反复迭代实现深层学习目标。

参考文献

[1] 付亦宁. 深度（层）学习：内涵、流变与展望 [J]. 南京师范大学学报（社会科学版），2021（2）：67–75.

[2] 龚静，侯长林，张新婷. 深层学习的发生逻辑、教学模型与实践路径 [J]. 现代远程教育研究，2020，32（5）：46–51.

[3] 郭华. 深度学习及其意义 [J]. 课程·教材·教法，2016，36（11）：25–32.

[4] 何玲，黎加厚. 促进学生深度学习 [J]. 现代教学，2005（5）：29–30.

[5] 李小涛，陈川，吴新全，等. 关于深度学习的误解与澄清 [J]. 电化教育研究，2019，40（10）：19–25.

[6] 苏水彩. 浅谈基于深层学习的语文教学策略——以人教版高中语文《雨巷》教学为例 [J]. 语文天地，2019（19）：8–9.

[7] 王明娣. 深层学习发生机制及实现策略——知识的定位与价值转向视角[J]. 西北师范大学学报（社会科学版），2021，58（2）：61–68.

[8] 朱开群. 基于深度学习的"深度教学" [J]. 上海教育研究，2017（5）：50–53，58.

[9] FRANSSON A. On qualitative differences in learning：Ⅳ—effects of intrinsic motivation and extrinsic test anxiety on process and outcome [J]. Educational psychology，1977，45（3）：244–257.

[10] BIGGS J B. Study process questionnaire manual [M]. Hawthorn：Australian Council for Educational Research，1987：1–10.

[11] DOLMANS D H J M, et al. Deep and surface learning in problem-based learning：a review of the literature [J]. Advances in health sciences education，2016，21（5）：1087–1112.

［12］ M HANAN AL，et al. Exploring assessment factors contributing to students' study strategies：literature review ［J］. Medical teacher，2012，34 （5）：42 - 50.

［13］ TRIGWELL K，et al. Relations between teachers' approaches to teaching and students' approaches to learning ［J］. Higher education，1999，37 （1）：57 - 70.

［14］ ENTWISTLE N，TAIT H & MCCUNE V. Patterns of response to an approach to studying inventory across contrasting groups and contexts ［J］. European journal of psychology of education，2000，15 （1）：33 - 48.

第 6 章 学习分析

6.1 学习分析的内涵与背景

6.1.1 学习分析概念

学习分析（learning analytics，LA）是近年来国际上逐渐兴起的以学习和教学为研究对象的分析与设计的理论，这一理论基于大数据的技术，运用数据统计、人工智能、信息可视化等技术获得海量信息，对学习者、学习内容、学习资源、学习方法等要素进行分析、处理，探究支持有效学习的因素、机制、模式；首届学习分析国际会议将学习分析界定为测量学生学习行为，收集、分析和解读学习行为及学习环境数据的研究方法[①]。

Martin 与 Sherin（2013）将学习分析作为一个新的学习科学方法集，指出学习分析通过开发工具与技术，实现对学习过程与学习结果数据的抓取、存储，基于大量数据发现模式，以生成性和可利用的形式呈现这些数据，并将数据与智能化工具整合，以实现学习环境的优化与个性化[②]。综合而言，学习分析的工作对象是关于学习者与学习过程的数据，要实现的目的是对学习与学习环境的优化，采用的手段是开发特定工具与技术，即学习分析是对学习者生成的、可作为参考的行为数据进行收集、分析、利用与传播，为学习者提供适当且有效的认知、管理、支持。

6.1.2 学习分析的实践背景

学习分析这一实践发生的需求或背景主要来自对教学绩效及学习效

---

① 1st International Conferenceon Learning Analytics and Knowledge 2011.

② MARTIN T, SHERIN B. Learning analytics and computational techniques for detecting and evaluating patterns in learning: an introduction to the special issue [J]. Journal of the learning sciences, 2013, 22（4）: 511 –520.

果的考察。起因是美国大学在拓展规模运营、增加成本的同时，社会呼吁大学提高办学绩效和教学质量。近年来，美国公立大学本科四年平均毕业率仅37%，六年内能完成本科学业的学生只有60%。在这样的压力下，大学需要寻找提高教学质量的途径，且必须有针对性地帮助有辍学危险的学生改进学习行为，否则就可能难以实现长久发展。要帮助学生完成学业，分析学生个体的学习行为是关键。

同时信息技术的发展也为学习分析奠定了基础。计算机的知识建模与表征（knowledge modeling and representation）、人工智能、数据挖掘、分析方法、开放数据（open data）等领域的快速发展和工具的广泛应用为学习分析方法提供了技术支撑；而学习者生存的环境绝非只局限于学校这样的特定环境，基于新媒体技术的社交和网络已然成为信息接收的重要方式，这也必然引发学习方式的变化，并激发了对学习分析更为深入的研究。

面对技术、知识和信息获取渠道的变化及社交媒体的新趋势，大学教育模式改革必须确保通过提供个性化的学习辅助、必要的学习干预让所有学生都达到预设的学习成果。这种情况下，如果研究人员仍将学习行为研究囿于教室这样的方寸之间，显然会导致实验出现偏差。另外，学习成果过程性评估要求研究者和教师关注学生的学习过程和学习参与，督促学生投入足够多的时间和精力完成学习任务。这些变化都促进了学习分析的诞生。

6.2 学习分析的理论基础

学习分析虽然是对学习者的学习评估，但研究者们并没有提出明确的、独特的学习分析理论，而是综合不同学习理论提出研究学生个体学习行为的方法，学习分析实则是多项相关理论的综合应用。也有一些研究者尝试整理学习分析的理论基础，比较有代表性的是 Simon Knight 和 Simon Buckingham Shum（2017）从认识论、教学法和学习成果评估三方面对学习分析的理论基础进行了概括①，如图 6 - 1 所示。

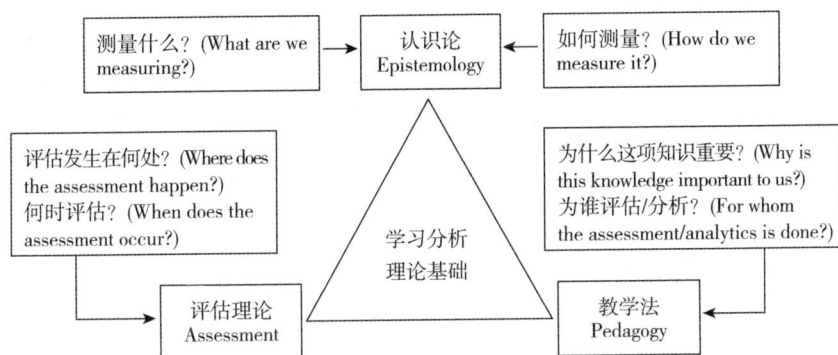

图 6 - 1　学习分析的理论基础

从认识论角度来说，学习分析要考虑两个问题：学习分析测量什么和如何测量。回答第一个问题有利于确定测量目标与指标，即在开展学习分析前，教学者必须认识所教知识的本质、结构、存在和发展的客观规律，以及与客观实在的联系。这样才能有效制定学生学习行为发生后要达到的学习目标，才能有目的地制定跟踪测量指标，因此学习分析平台需要设定记录学生学习行为和人机互动的端口。

从教学法角度来说，学习分析的实施需基于对知识重要性的了解，也就是教师认为什么知识对完成教学任务和学习是有用的、不可或缺的，什么知识和技能对学生来说是有意义的、有价值的，能满足不同背景学生的学习需求，并对他们未来的学习和发展有引导性和启发性。因此，学习分析要测量学生掌握这些重要的、有意义的知识和技能水平，而不是仅仅用多项选择题聚焦于测量容易测量的知识。

学习成果评估理论为学习分析提供了两方面理论指导，一是在何处对学习进行学习成果评估，二是何时进行学习成果评估。Knight 和 Shum（2017）认为，利用学习分析平台完成学习成果评估时，采用"过程性评估"最有效，如对作业完成情况、阅读任务完成情况的评估

---

① KNIGHT S, SHUM S B. Theory and learning analytics［M］//LANG C, SIEMENS G, WISE A, et al. Handbook of Learning Analytics.［DB/OL］［2018 - 04 - 19］. http：//solaresearch. org/hla - 17/.

等。评估何时发生的问题涉及直接与间接评估、过程性评估与总结评估。为改进教学，实现学习分析的目标，教学者应该将上述的评估方式相结合。学习分析平台为多元化的评估提供了便利条件和基础①。

认识论、教学法及学习成果评估对学习分析的发展起到很好的支持作用，当然，学习分析在其实践过程中还借鉴了多个相关领域的方法与思想。

教育数据挖掘是数据挖掘技术在教育领域的应用，其研究聚焦于数据分析的技术与方法，是分析与解释学习数据最为常用的方法，适用于预测在线学习绩效、了解各种学习影响因素之间的相关性、发现问题学生、为教师提供在线评估工具等。

在学习分析的研究中数学与统计的方法被大量应用，如分析平均值、中值、标准偏差等描述性统计指标。此外，各种数学与统计方法常常与数据挖掘一起被应用在学生特征总结、建立评分体系、分析学生问题解决行为并完善智能导师系统等研究中。

数据可视化技术依靠计算机的强大处理能力，将海量数据以图形或图像的形式呈现在人们面前，并可以通过交互手段控制数据的抽取和画面的显示，帮助人们分析和理解数据、发现隐含于数据之中的规律。

6.3 可视化学习分析

可视化学习分析是学习分析学和可视化分析学相交叉的新兴研究领域，其应用价值得到了诸多学者的认可，如 Vieira 等（2018）认为可视化学习分析可以"通过使用互动性的可视化技巧、计算工具和方法理解教育现象"②；陈高伟认为可视化学习分析可以"使用可视化分析（即分析学与可视化技术）启发教育决策"③。因此，可视化学习分析强

---

① KNIGHT S，SHUM S B. Theory and learning analytics ［M］//LANG C，SIEMENS G，WISE A，et al. Handbook of Learning Analytics. ［DB/OL］［2018 – 04 – 19］. http：//solaresearch. org/hla – 17/.

② VIEIRA C，et al. Visual learning analytics of educational data：a systematic literature review and research agenda ［J］. Computers and education，2018，122（1）：119 – 135.

③ 胡立如，陈高伟. 可视化学习分析：审视可视化技术的作用和价值 ［J］. 开放教育研究，2020，26（2）：63 – 74.

调计算机的自动化分析和可视化优势对人类推理和决策过程的支持，能够帮助人们理解复杂的学习现象和解决复杂的学习问题。

可视化学习分析突破了学习分析学对可视化技术的主流定位，强调可视化技术的价值不仅在于对学习分析结果的表达，更能作为人机交互的桥梁，支持用户对学习数据的探索、解释、假设、验证等动态的推理过程。可视化学习分析强调学习理论对分析流程的指导与调控作用，如对目标学习问题/现象的解读、数据收集范围的确定、可视化探索的指向、假设的建立等。胡立如等构建的学习情境下的可视化分析流程模型，如图 6-2 所示。

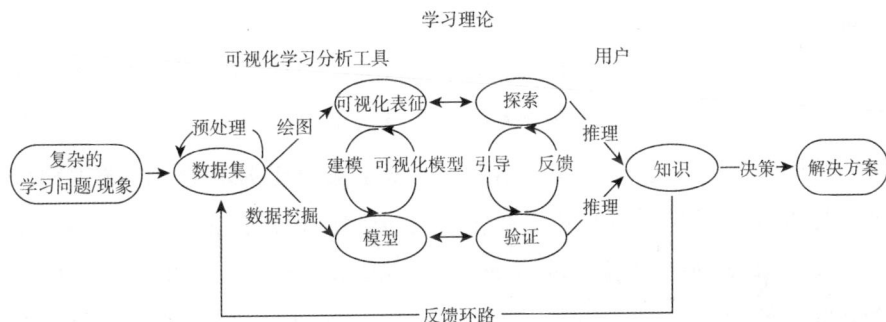

图 6-2 可视化学习分析的流程模型

数据或可视化学习分析过程包括数据采集与预处理、可视化表征、建立模型与验证假设、获取知识等，是一种非线性过程。与数据或知识可视化分析相比，可视化学习分析过程更强调发挥学习理论的指导和调节作用，不是单纯地依赖数据驱动或人类经验[1]。据此，胡立如等研究者尝试将学习理论对分析与反馈全流程的指导作用予以外显和强调，可视化学习分析工具通过可视化交互界面和数据统计与挖掘技术，支持用户动态地探索和验证模型，从而更深入、全面地获取知识，促进决策科学化。

---

① 余明华，张治，祝智庭. 基于可视化学习分析的研究性学习学生画像构建研究 [J]. 中国电化教育，2020 (12)：36-43.

6.3.1　可视化学习分析技术

可视化学习分析技术的应用，不仅仅用于评估学习效果，更多的还是为有效教学或有效学习提供真切的依据。在其功能目标上，可视化分析已然成为一种教与学的干预手段，也是一种研究方法论，帮助分析和理解复杂的学习现象和学习干预的成效。[①] 目前呈现的可视化学习分析技术有：

（1）课堂话语分析器（classroom discourse analyzer）。相较于基于视频的教师学习项目，课堂话语分析器通过可交互的泡泡图帮助教师解构复杂的课堂对话过程，直观地展现课堂对话的模式。它还通过折线图区分不同类型的话语转换，通过同步技术支持视频、文本等细节的展现。

（2）想法线程绘图工具（idea thread mapper）。想法线程绘图工具是由张建伟等开发的、支持学生探究性学习项目的可视化分析工具。它可以依附于知识论坛等在线讨论平台，基于知识建构理论帮助学生和教师监控生成的探究方向，共同管理长期的协作性探究过程。

（3）认知网络分析（epistemic network analysis）。认知网络分析基于认知框架理论（epistemic frame theory），利用内容分析和网络分析方法帮助研究者分析目标话语特征在不同层级系统中的联结模式。它能灵活地定义要关注的话语特征和话语分析单元。与一般网络分析不同的是，认知网络分析采用固定的坐标系统，不但能够可视化不同认知特征间的联结，还可以定量计算两个认知网络间的差异，因此受到研究者的关注。

（4）知识建构话语探索（knowledge building discourse explorer）

知识建构话语探索首先定义有代表性的领域知识关键词，然后通过社会语义网络分析，研究学生的协作知识建构过程，利用折线图呈现不同网络指标的演变，探索不同网络的动态发展过程，帮助监测话语中潜藏的模式与规律。

---

① 胡立如，陈高伟. 可视化学习分析：审视可视化技术的作用和价值［J］. 开放教育研究，2020，26（2）：63－74.

相关研究证实，学习分析相关人员应用可视化技术，如流程图、思维导图、热度图、3D 图、散点图、评估模型等形式呈现统计信息，可以追踪学习者的学习行为，以促进研究者和学习者本人对学习过程的了解、反思与意义建构，帮助学习者确立学习目标并记录实现目标的过程。

6.3.2　基于可视化学习分析的学习者画像流程

基于可视化学习分析的学习者画像是学习分析的重要环节，通常这样的画像构建方法采用定性和定量的研究方法，设计和呈现面向学生的个体画像和群体画像。本章着重介绍余明华等（2020）进行的基于可视化学习分析的学习者画像研究，如图 6-3 所示。

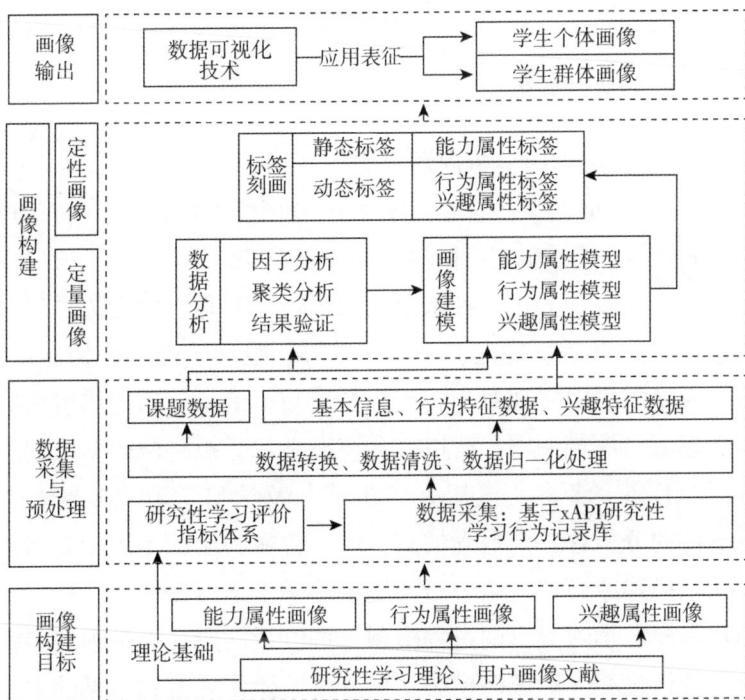

图 6-3　基于可视化学习分析的学习者画像框架①

---

① 余明华，张治，祝智庭. 基于可视化学习分析的研究性学习学生画像构建研究 [J]. 中国电化教育，2020（12）：36-43.

在这项研究中，通过几个步骤进行可视化学习分析：①明确学习者画像的构建目标，划分其构成要素和模型构建，确定画像的指标输入和输出结果；②数据采集，这步是学习分析和画像构建的基础。为了保证能力画像构建的质量，该研究在前期构建了研究性学习评价指标体系用来指导学习数据的具体采集，采集的数据来源于 xAPI 的研究性学习行为记录库；③以定量和定性方式构建学习者画像，定量画像主要考虑画像的颗粒度，定性画像主要实现标签化。

作为学习分析的方法，学习者画像是一种较为理想的可视化表征形式，其呈现需要依赖数据的可视化技术，其中，图标图形能够较好地支持文本型数据和画像标签的呈现；几何图形是结构化数据可视化领域的方向；柱状图、线图、饼图等是教育领域常用的数据可视化形式，用于展示多维数据的属性，从多方面展示并解析学习的过程和学习效果。

6.4 ▶ 多模态学习分析

6.4.1 多模态学习分析内涵

作为学习分析的一个新兴分支，多模态学习分析（multimodal learning analytics）于 2012 年在多模态交互国际会议上正式被提出，旨在通过捕获、融合和分析多种来源的数据，尤其是自然交流过程中产生的多源数据，如讲话、凝视、手势、姿势、眼动、面部表情、皮肤电、脑电图、心率等，以实现对学习行为、认知、信念、动机与情绪等多方面的客观理解与深刻洞察。所以，多模态学习分析是从较多维度展开的学习分析，有研究者将其概括为"多模态教学与学习、多模态数据和计算机支持的分析这三个概念的复合体，旨在利用三个概念之间形成的三角关系来描述或模拟复杂学习环境中的学生学习"[①]。

构建多模态学习分析的过程模型，可以帮助研究人员理解多模态支持的学习分析过程，形成多模态学习分析的操作规范，常见的要素包括

---

① MARCELO W. Multimodal learning analytics：enabling the future of learning through multimodal data analysis and interfaces［C］//Proceedings of the 14th ACM International Conferenceon Multimodal Interaction. NewYork：ACM, 2012：353 – 356.

数据采集、加工与筛选、数据分析、数据表征可视化、反馈调节等①。在实践中，不同的研究者根据具体的学习分析目的，操作过程会有所差异，如 DiMitri 等（2018）提出的过程模型，主要包括传感器捕获多模态数据、人工注释标签、机器学习预测结果、分析机器反馈并调整行为四个步骤，突出了人工注释与反馈、机器建模与预测的协同机制②。一般来说，多模态的学习分析表现为：数据发现旨在完成不同数据的收集、注释、清理、同步、转换和结构化工作；数据融合旨在根据关键特征集成两个及两个以上的数据集，生成基于多模态数据的连贯性、对齐性与互证性的证据图景；数据利用旨在分析与应用融合之后的多模态数据集和可视化分析报告，并突出显示关键发现以作出决策。

6.4.2　多模态学习分析的发展动因

基于大数据的教育评价是教育现代化的重要特征。近年来，大数据驱动的学习分析方法拓展了传统标准化学习评估方法，如使用来自学习管理系统、慕课、社交媒体环境、教育游戏等的大数据，对学习过程与结果进行了更细致、更全面的刻画。③ 学习分析通过自动化、全样本的大数据收集和分析，开创了一种大数据支持的非标准化学习评估形式，扩大了建构性学习评价的规模化实施范围，使原来复杂和费力的形成性评价与个性化反馈成为可能。然而，目前大部分学习分析都集中在以计算机为中介的结构化任务上，反而忽略了更经常发生学习活动的物理学习空间。因此，如何从现实世界或混合世界的学习环境中收集多种来源的学习痕迹，成为学习分析领域亟须开拓的研究领域。

随着物联网技术的发展和创客运动的兴起，一股新的技术创新浪潮正在发生。生物传感器、全息摄像系统、手势感应、红外成像、眼动跟踪等多模态数据收集方法正在迅速发展，特别是可穿戴传感器的便携性、微型化、非侵入性与低价格趋势，让收集高频、细粒度、全样本的

① 田阳，陈鹏，黄荣怀，等. 面向混合学习的多模态交互分析机制及优化策略［J］. 电化教育研究，2019，40（9）：67 – 74.

② DIMITRID D, et al. From signals to knowledge: a conceptual model for multimodal learning analytics［J］. Journal of computer assisted learning, 2018, 34（4）：338 – 349.

③ 汪维富，毛美娟. 多模态学习分析：理解与评价真实学习的新路向［J］. 电化教育研究，2021，42（2）：25 – 32.

多层次、多模态学习数据的获取成为可能。将物理学习活动、身体运动、生理数据与数字化日志、自我报告数据结合起来，获取更为接近学习者与群体真实表现的细颗粒数据，使研究人员能够洞察学习者或学习群体每分每秒的发展，对复杂的认知、行为、情绪、动机等进行更全面的评估，从而促进21世纪技能与核心素养的发展。

6.5 相关研究分析

"学习分析"的应用是为了预测学习者的学习情况、学习效果，并通过数据整合，创建学生和班级的知识模型和行为模型，预测学生的学习结果，给予学习干预，改善学习者的学习效果。对此的相关研究也较为广泛，本节节选了三个有代表性的研究案例，进一步解读学习分析的实践和应用策略。

6.5.1 案例一：混合教学模式下学习分析的应用策略

学习分析从学习者出发，收集学习者在学习行为过程中的相关数据，然后对数据进行分析和预测，得出结论后反馈给学习者和指导者，学习者会作出相应的自我调节，指导者和管理者会作出人为的干预。在网络学习平台采用学习分析技术，将更真切地观照学习者的学习过程。本案例通过对混合式学习者在线学习数据的采集和分析，将学习分析应用于学生的学业测评、学习投入研究、教师个性化教学研究，以及教学干预框架研究等方面，研究发现这种分析有助于激发学生的学习动机，提高他们学习的自我调节能力，对混合式教学效果有正向促进作用①。

学习分析模型对学习分析过程和要素进行抽象性的归纳和总结。通过对国内外模型的梳理，最具典型性的模型有贝叶斯知识追踪模型、帕尔多等提出的学习预测模型、凯万等提出的慕课满意度模型、帕帕米特西乌的学习行为模型以及西门斯提出的学习分析过程模型。本案例研究总结出的学习分析流程模型如图6-4所示：

① 卞少辉，赵玉荣. 高校混合式教学环境下学习分析应用策略［J］. 山西财经大学学报. 2021，43（A2）：135-138.

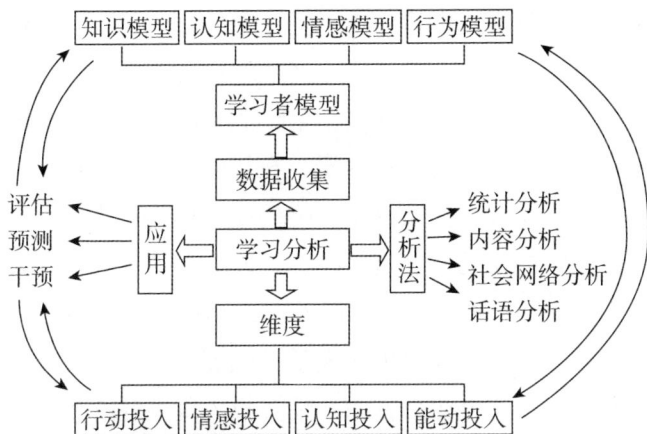

图 6-4　学习分析流程模型

根据此模型可以看出，学习分析过程绝非一个直线单向过程，而是一个循环的过程，人为教学干预和自适应干预将对学习者的学习数据产生影响，改变学习者的学习效果，两者相互作用，形成一个循环的模式。其应用场景和策略如下：

（1）用于在线学业评估。学业评估可分为形成性评估和终结性评估两种形式。形成性评估是指在教学过程中为了随时了解学生的学习情况，及时发现教学中的问题而作出的多次评估。在一些高校里，大部分学科终结性评估成绩的比重一般大于形成性评估，原因是在线下传统课堂中，教师很难及时记录下每位同学的成绩，因此很难进行形成性评估。如果每次都记录随堂回答的问题和互动方式，正常的教学时间将得不到保障，因此教师评价学生一般借助于期末的终结性评估。再者，占较少比例的课堂形成性评估也经常会根据教师的主观感受来判断，因此这种评价方式存在很多主观因素，往往不能合理地评价学生。基于学习分析的在线形成性评估可以有效地解决传统课堂的诸多问题，可以对学生实施随机、多次测评，并通过机器进行数据整理、分析，得到可视性图像，既直观方便，又便于人员进行数据查询和趋势分析。

（2）用于学习投入研究。学习投入的研究一般可分为内涵研究、结构研究、测量研究，而测量研究最具实践操作价值。自清华大学课题组将全美大学生学习投入调查（NSSE）引入我国后，国内就开始关注国外的经典学习投入量表，并对其进行修订，如《大学生学习投入量表》（黄荣等，2010）。这是以国外经典量表为基础，结合远程学习特点构建的远程学习投入量表，它为研究在线学习投入提供了参考。我们将行为投入、情感投入、认知投入、能动投入作为量表的大框架，并参照国外先进且成熟的学习投入量表的部分因子，编制了《大学生在线学习投入量表》。该量表包括行为投入、情感投入、认知投入、能动投入四个维度，行为投入侧重学生在大学基础课程学习中的参与度、坚持度、交互能力以及专注力四个方面；情感投入则关注学生在课程学习中的情感体验；认知投入主要关注在教学活动中学生的心理投入水平，包括认知策略、元认知策略、情感管理策略和资源管理策略四个维度。学生利用认知策略理解课程内容，并在完成学习任务的过程中管理和控制自我，这是高认知投入的表现；能动投入主要指学生在课程中自我调节和自我控制的能力。之所以把能动投入作为学习投入量表大框架下的一个分支，主要是考虑到网络虚拟学习空间的特性，即在虚拟空间中学习者容易出现学习拖延、延迟满足、学习收获低下等问题，因此包含自我调节和自我控制的能动投入是学习者自主学习的关键因素之一。将学习分析用于在线量表的数据收集和分析，能帮助教师对学生进行学习预测，有效干预和指导学生学习行为。

（3）用于教师个性化教学研究。对教师个性化教学进行的探索性研究体现了当今教育教学的一个趋势。个性化教学包括以下方式：根据学生不同学情制定教学目标、适应学生差异需求、支持学生个性化学习进程、布置个性化作业等。在个性化教育思想的指引下，教师可以通过创造性的教学设计与实施方案来挖掘每个学生的不同潜能，用以促进他们的个性化发展。基于大数据的学习分析帮助研究者和教师对每个学生的学习行为进行实时追踪和分析，有利于教师在线下课堂展开个性化教学和辅导。然而，这也对教师提出了较高的要求，教师不仅要提高学科专业水平，注重培养学生的批判性思维以及自主学习能力等学习素养，还需要从学生的心理关怀层面关注他们线上、线下的学习体验和情感，积极构建一个和谐优质的生态课堂环境。

6.5.2　案例二：学习分析视域下教师在线自我调节学习干预设计

教师学习是一种面向问题的"自适应学习"，这种学习方式可以看作是高级别的学习。本研究将学习分析应用于在线教育领域主要是借助该技术对教与学过程中产生的数据进行收集和分析，为在线教学的进一步优化提供有效指导。研究充分借鉴 Siemens 学习分析过程模型、M. A. Chatti 四维度参考模型、Elias 学习分析持续改进模型的相关思想，以社会认知理论中的三元交互理论为依托进行干预设计①。本研究所设计的干预框架如图 6 – 5 所示。

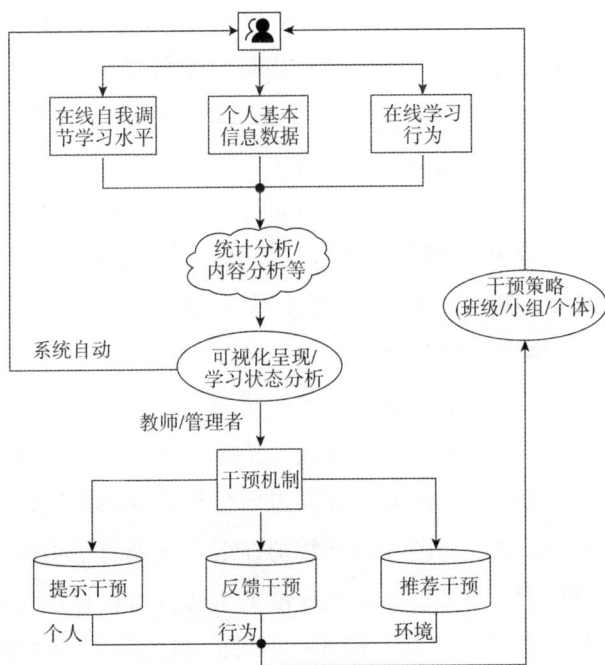

图 6 – 5　基于学习分析的教师学习自我调节干预框架

在本研究所构建的干预框架中，学习分析数据来源主要包含在线自我调节学习水平数据、个人信息数据及在线学习行为数据。其中，在线

---

① 赵艳，赵蔚，姜强. 学习分析视域下教师在线自我调节学习干预设计与实证研究［J］. 现代远距离教育，2020（3），79 – 88.

自我调节学习水平数据是指学习初期线上收集的教师在线自我调节学习问卷；个人信息数据主要指性别、年龄、教龄、学历、所教学段、学校性质等相关数据。

分析方法主要采用统计分析、内容分析和可视化等。数据分析结果是进行干预策略设计的重要依据。其中一部分数据分析结果会通过学习平台以可视化的形式自动反馈给学习者，例如可视化学习进度条、学习路径等，教师通过这种学习系统的自动干预可随时了解学习进展，明确学习状态，将当前学习状态与设定的学习目标进行比较，实现自我观察、自我判断，作出自我反应，改善学习行为。此外，绝大部分数据分析结果会以可视化的形式呈现给辅导教师及在线学习管理者，可帮助辅导教师、管理者把握学生的在线学习状态，进而有针对性地依据干预机制设计恰当的干预策略。

研究利用"教师在线自我调节学习感知水平变化分析"和访谈提纲这两项工具，采用实验班与对照班对比的设计模式。两个班的教师学习的必修课程内容和选修课程内容完全相同。实施环节借助齐莫曼（B. J. Zimmerman）提出的自我调节学习过程模型，将实验班教师在线自我调节学习干预过程划分为计划与准备阶段的学习干预，执行与控制阶段的学习干预以及评价与反思阶段的学习干预，并对教师在线自我调节学习感知水平变化、教师在线自我调节学习反思事件变化、教师在线学习效果和教师在线学习行为四方面进行分析，得出最终结论。

在线自我调节学习干预可提升教师在线自我调节学习整体水平，今后的教师在线学习项目中，可以充分依据本研究所设计的干预框架，综合分析相关学习数据，针对"提示—反馈—推荐"相结合的干预机制设计干预策略，发挥干预策略的合力作用，多角度提升教师在线自我调节学习能力。

在线自我调节学习干预可提升教师在线自我调节学习各要素的水平，实验班教师在接受 12 周的持续在线自我调节学习干预后，在线自我调节学习各要素的水平均有明显提升，且提升幅度显著高于对照班教师。其中，实验班教师在线学习自我效能、在线学习认知策略、在线学习元认知策略和在线学习资源管理策略的个人感知提升幅度较大。此过程为学习者提供多角度干预，产生了互惠效应，有利于自我调节学习各要素水平的提升。

在学习过程中，为实验班教师提供的在线自我调节学习干预能够在一定程度上提升教师在线学习的效果。访谈结果也进一步印证，推荐学习榜样、优秀学习的作品、优秀教学案例等干预策略有助于教师对比他人长处，弥补自身不足，提高其学习效果。

在线自我调节学习干预可改善中小学教师在线学习行为。提升教师能力的最终目标是改进课堂教学、优化教学效果以及提高学生学习绩效。因此，今后对教师在线自我调节学习干预的设计，可以考虑通过教师的切身学习体验，激发教师对数据的使用兴趣，尝试培养教师的数据素养。

6.5.3　案例三：多模态下思维可视化的高中英语教学探究

在本案例研究中，陈秋燕（2020）从分析文本特征和对比文本类型两个方面，利用多模态构建课堂的相关内容，强调多模态与思维品质培养之间的密切关系。该研究以人教版高中《英语》选修 Unit 4 Pygmalion 的教学为例，探究多模态下思维可视化的高中英语教学①。

第一，利用多模态构建课堂分析文本特征，选择最优的模态。教师提供有趣的视觉影像，激活已有的背景知识；利用图像把事物前景化，引发关注；协调两个及两个以上的模态，讲解抽象、概括、理解难度大的概念等。第二，通过分析对比不同的文本，选择最佳的模态，让学生的思维能力得以提升。说明文的风格严谨，教师可以通过播放纪录片等，提供强有力的数据分析，说明事物的特征或发展过程。记叙文内容充实，教师可以通过播放连环画或者短小精悍的小故事等视频说明故事的起因、经过、结果和启发的意义，突出故事性，点明主题，展现时空顺序。不同的模态适用于不同的文本。教师应把多模态与培养学生的思维品质有效结合，促进学生的深层学习。

人教版高中《英语》选修 Unit 4 Pygmalion 主要是戏剧类文章，教

①　陈秋燕. 多模态下思维可视化的高中英语教学探究——以 Unit 4 Pygmalion 为例［J］. 英语教师，2020，20（15）：149－152.

师在授课过程中可利用视频和图片创设情境、语境，激励学生感受"微阅读"的魅力，培养他们的思维品质。教师通过整合教材，在课前让学生储备词汇量，使其做到"胸有成竹"。课前布置用单词的正确形式填空的任务，通过简单的词性转换、单元话题短语，帮助学生储备词汇，为课堂上阅读语篇做铺垫。在导入部分，教师通过展示伊丽莎（Eliza）和希金斯教授（Professor Higgins）初次会面的图片，吸引学生的目光，再开始引入文章。课堂上设置不同的任务，通过情境语境、视频、图片等模态辅助教学，激发学生的学习热情，培养他们的思维品质。教师对语篇进行深度挖掘，通过伊丽莎和希金斯教授的会面到最后参加晚会这一条主线，以"MSWM（meet in, show in, without hesitation, mistake）"等文字符号和图片的提示，对学生展开"微阅读"训练。课中，通过一系列的图片、视频和文字符号，激发学生的学习热情。教师引导学生进入情境，展示图片，还原真实情境，让其利用重难点单词、短语等，发挥主观能动性，完成"微阅读"训练。"微阅读"篇章以 mistake 结束教学情境。教师展示两人在晚会上愉快跳舞的图片，引导学生说出 mistake 一词，并通过讲解该词的用法，顺利过渡到语篇阅读。这样整堂复习课就不是枯燥、单一的，而是把培养学生的思维品质和多模态的使用有机结合起来了。

参考文献

[1] 卞少辉，赵玉荣. 高校混合式教学环境下学习分析应用策略 [J]. 山西财经大学学报，2021，43（A2）：135-138.

[2] 陈培凤，季卫新. 基于学习分析理论的初中物理深度备课研究——以"牛顿第一定律"第一课时教学设计为例 [J]. 物理教学，2020，42（1）：37-40，13.

[3] 陈秋燕. 多模态下思维可视化的高中英语教学探究——以 Unit 4 Pygmalion 为例 [J]. 英语教师，2020，20（15）：149-152.

[4] 常桐善. 院校研究与学习分析 [J]. 高等工程教育研究，2021（2）：6-14.

[5] 郭炯，郑晓俊. 基于大数据的学习分析研究综述 [J]. 中国电化教育，2017（1）：121-130.

[6] 胡立如，陈高伟. 可视化学习分析：审视可视化技术的作用和价值 [J]. 开放教育研究，2020，26（2）：63-74.

［7］孟玲玲，顾小清，李泽. 学习分析工具比较研究［J］. 开放教育研究，2014（4）：66 – 75.

［8］汪维富，毛美娟. 多模态学习分析：理解与评价真实学习的新路向［J］. 电化教育研究，2021，42（2）：25 – 32.

［9］田阳，陈鹏，黄荣怀，等. 面向混合学习的多模态交互分析机制及优化策略［J］. 电化教育研究，2019，40（9）：67 – 74.

［10］余明华，张治，祝智庭. 基于可视化学习分析的研究性学习学生画像构建研究［J］. 中国电化教育，2020（12）：36 – 43.

［11］赵艳，赵蔚，姜强. 学习分析视域下教师在线自我调节学习干预设计与实证研究［J］. 现代远距离教育，2020（3）：79 – 88.

［12］BAKHARIA A. Social networks adapting pedagogical practice：SNAPP［EB/OL］. ［2016 – 08 – 11］. http：//www. ascilite. org/conferences/auckland09/procs/bakharia-poster. pdf.

［13］CHEN G. Visual analytics to support classroom discourse analysis for teacher professional learning and development［C］//MERCER N，WEGERIF R，et al. The Routledge International Handbook of Research on Dialogic Education. London：Routledge. 2019.

［14］DIMITRI D，et al. From signals to knowledge：a conceptual model for multimodal learning analytics［J］. Journal of computer assisted learning，2018，34（4）：338 – 349.

［15］MARTIN T，SHERIN B. Learning analytics and computational techniques for detecting and evaluating patterns in learning：an introduction to the special issue［J］. Journal of the learning sciences，2013，22（4）：511 – 520.

［16］SLADE S，PRINSLOO P. Learning analytics：ethical issues and dilemmas［J］. American behavioral scientist，2013，57（10）：1510 – 1529.

［17］KNIGHT S，SHUM S B. Theory and learning analytics［M］//LANG C，SIEMENS G，WISE A，et al. Handbook of Learning Analytics. ［DB/OL］［2018 – 04 – 19］http：//solaresearch. org/hla – 17/.

［18］VIEIRA C，et al. Visual learning analytics of educational data：a systematic literature review and research agenda［J］. Computers and education，2018，122（1）：119 – 135

［19］MARCELO W. Multimodal learning analytics：enabling the future of learning through multimodal data analysis and interfaces［C］//Proceedings of the 14th ACM International Conference on Multimodal Interaction. NewYork：ACM，2012. 353 – 356.

第 7 章　迷思概念转变的学习

7.1 》 迷思概念含义

迷思概念（misconception）一词起源于希腊语单词"mythos"，是英语单词 myth 的音译，指与现在的学科概念不同的概念。最初在研究者提出并使用"misconception"这一术语时，将"misconception"等同于错误概念，认为其与"erroneous ideas""underlying sources of error""persistent pitfalls""fuzzy conception"等术语含义一样。但随着人们认识的不断发展，迷思概念被赋予了新的含义。有些研究者从建构主义学习理论出发，认为学习者的学习活动是积极主动建构知识的过程，应该尊重其主观能动性，错误概念一词有否定学习者原有一切想法的意图。为了避免与错误概念的含义混淆，我国台湾地区更多地采用"mis"这一词缀的音译，将"misconception"译为"迷思概念"或"迷失概念"。这种译法使人们避免对这类概念作出负面的价值判断，被广大教育研究者和实践者所认可。在教育领域中，迷思概念更加具体化，既指学习者在某一特定学科中，对某事件或现象持有一些有别于目前科学的、公认的想法，还指学习者对某一科学概念的解释与教材所呈现的内容不同。

相关研究者针对迷思概念的内涵给出不同的解释，如：

Osbome 和 Wittrock（1983）认为幼童群体在接受学校的科学教育之前，对许多科学早有一套异常顽固的观点，其中的错误观点就称为"迷思概念"。瓦特斯（D. M. Watts）和吉尔伯特（J. K. Gilbert）（1983）借助知识论的古典观点来说明迷思概念，强调知识是通过一种基本的层级式阶段而获得的，即知识的发展源于前一阶段知识掌握的精确度，而迷思概念就如同这个系统中的缺陷，进而成为学习上的障碍。同一时期的玛丽安娜（G. Mariannae）和亨森（1997）则认为，任何概念的形成若是与其科学共同体所接受的概念不相符，所形成的概念便被称为"迷思概念"。

史密斯（F. L. Smith）和伊顿（J. F. Eaton）（1996）对迷思概念加以完善，指出学习者自出生以来便会观察自然界的各种现象，他们运用自己的语言描述他们所看见的现象，然而儿童对于自然现象的解释常与科学家有所不同，同时这种解释无法被科学家认同。利普森和弗舍尔直接指出迷思概念是错误的，它是在两种不同形式的信息交互作用之后产生不正确解释的结果。

国内的研究者普遍认为迷思概念是指对概念的错误理解和错误观念，也就是学习者头脑中存在的认识与科学概念不一致。学习者的概念结构必须建立在科学的立场上，与科学概念不同的看法都是错误和不真实的。余民宁（1997）认为迷思概念是指学习者在学习科学概念之前与正统科学知识不符的概念。

迷思概念的界定可从两方面进行考察：一方面来自学习者在正式学习前，在日常生活经验中获得的与书本观念不同的看法或认识；另一方面是学习者在学习过程中，由于受教师教学、学习者本身思维能力的限制，可能会曲解某些概念的内涵，从而形成了迷思概念。结合上述研究者的观点，学界通常认为，迷思概念是学习者在接受新知识之前运用已有知识经验来理解新知识，这些理解可能有局限性或不完整性，导致学习者没有真正理解科学概念的实质，进而产生模糊甚至是错误的认识。

7.1.1　迷思概念的特点

1. 认知发展的阶段性

如皮亚杰从阶段论的角度解释人的认知发展历程呈现出从幼稚到成熟的特征一样，对于迷思概念的界定，研究者也不能忽略学习者认知发展的阶段性。学习者在某一发展阶段只能接受与之相符的认知，尤其是在儿童发展阶段，他们的有些认知与科学认知是不同的。实际教学中这种界定以课标为标准，有利于学习者形成科学的认知。

2. 迷思概念的独特性

相关文献对迷思概念的阐述中有许多表述为"与科学概念不同的"

相关术语，比如：前概念（pre-conception）、朴素概念（native conception）、相异构想（alternative frameworks）、儿童的科学（children's science）、模糊概念（fuzzy conception）等，迷思概念与这些术语有所不同。前概念又叫前科学概念，是指学习者在未经专门教学前通过日常生活的经验和常识形成对事物、现象的看法和观念。学习者正式学习前形成的前概念，有些与科学概念一致，有些与科学概念相反。这些有误解的概念就是迷思概念。朴素概念指儿童对日常生活中的事物、现象的非正式、非科学的理解和解释，它既强调儿童有自己的理论，也强调儿童理论的朴素性。朴素理论认为儿童通过自主地构建自己的内部理论来解释周围的事物、认知自己的生活环境①。相异构想不同于迷思概念，相异构想往往具有一定的理性基础，是学习者在对周围世界经验的理性认知基础上构建的。儿童的科学是指儿童虽然在心智发展上受到限制，但他们还是像科学家一样解释自然现象，与上述概念相对应的有大概念、大观点和核心观念。

国内外的研究者对迷思概念的界定存在差异，但通常认为迷思概念具有如下的特性：

（1）顽固性。迷思概念是人们在生活中逐渐积累下来的概念，它会导致思维定式的形成。许多研究证明，迷思概念有很强的稳定性，即使通过课堂教学纠正了原先的观念，学习者的原有观念在特定情境下仍存在。学习者很难承认自己有些想法是错误的。虽然有些迷思概念在经过教学或解说后就会得到改变，但仍有些错误的概念，在经过教师的多次讲解后，学习者还会出错，因此不得不承认其根深蒂固的事实。

（2）内隐性。迷思概念是在成长过程中潜移默化形成的，经常作用于师生的思维和行为中，但不易为师生自己所觉察。在教学过程中，学习者的迷思概念一般不会主动暴露出来，但学习者在解决实际问题时却往往会自动地运用。在回答常规问题时，学习者常常用讲授的书面知识作答，只有在特定情境中，当学习者无法用教师所教的知识回答时，才会依靠迷思概念。

---

① 朱莉琪. 儿童科学概念的认知发展［J］. 心理科学进展, 2006（4）：569－573.

（3）差异性。学习者持有的迷思概念是多种多样的。不同的学习者对同一现象的解释不同，这是因为不同的学习者会以不同的方式内化外部经验来构建其思维体系。同一个人随着年龄的增长和科学知识的学习，其认知结构中的迷思概念可能重新"组装"。这种"个体化"的方式会影响他们对信息的获得、观察事物的方式和角度，以及所观察到的现象的解释。

（4）自发性。学习者头脑中的前概念，源于学习者对日常生活现象长期、大量的观察和感知，这些经验在其大脑中逐渐深化发展。学习者往往是站在自己立场上，凭借自身的感性经验与独特理解来自发建构这样的概念。这一自发建构的过程，会导致学习者在接受概念学习时出现错误。比如南方地区的降水多以雨水的形式出现，因此南方地区的学习者自然而然地形成一种迷思概念，即降水量就是降雨量。

（5）消极性。学习者的迷思概念如果不及时地加以纠正，将导致学生忽略新知识与旧知识的异同之处，盲目进行同化和顺应，甚至歪曲新知识的实质含义，这样会进一步阻碍其学习，降低学习的效率和积极性。

7.1.2　迷思概念的成因

在学习过程中，如果学习者头脑中存有一些不适当的迷思概念，将会对科学概念的学习造成阻碍。至于导致学习者产生这些迷思概念的原因，不同的研究者提出了各自不同的观点。

Reif（1987）认为学习者在学习科学概念时发生的迷思概念是由于日常生活对概念理解的要求与对科学概念理解的要求不一致引起的。日常生活概念对现象的解释要求以满意为主，允许概念的模糊和不准确。而科学概念追求的是对现象的完美解释和预测，为达到这一目标，就要求科学概念必须具备最小的不确定性，最大的精确性、一致性和最高的概括性。对日常生活概念和科学概念掌握要求的不同，导致学习者在掌握科学概念时遇到认知和元认知上的很大困难，这些困难也是学习者产生迷思概念的原因。

Fisher 和 Lipson（1986）基于认知的观点认为，迷思概念产生最常见的原因有心智运作中注意力的问题、解题时心智处理过程的错误、学习产生的新信念与原有信念的冲突以及没有联结先前的知识等。除去学习者的自身因素，当学习者面对之前从未学习过的新知识时，不当的教学往往容易导致其学习知识上的缺漏、困惑与误解，而这些因素常常造成所谓认知上的迷思概念。

Head（1986）认为学习者迷思概念的来源有如下几个方面：①日常的生活经验和观察。例如，儿童在摆弄书本时，观察到桌子上的书本只有在推动它时才会动。如果停止推动，书本就会恢复静止。因此，他们会认为力是维持物体运动的原因。而这些想法要等到学习物理知识时才会受到挑战。②隐喻的使用。一些字在日常生活和科学中太过平常，因此容易相互混淆。例如，"催化"这个词容易使人认为只是加快反应速度，而导致人们对"催化剂"概念的片面理解，"绿色化学"容易使学习者认为是"绿色的化学"，难以理解其真正的含义。③类比所产生的混淆。许多科学的解释都涉及类比思维，利用学习者熟悉的经验或知识来解释新的、未知的内容是常用的教学方法之一。教师要选择不易误解的类比，而且要提醒学习者类比并不是相等的，否则可能误导学习者，例如以水流类比电流，会使学习者以为电流充满了整个电路。④同伴的影响。许多这个领域的研究者强调知识的社会建构性及同伴文化在赋予、维持科学非正式观念方面的重要性。在学校情境中，学习者往往会在同伴文化的影响下加强迷思概念，因而很难接受科学概念。例如，由于同伴观念的影响，学习者会认为重的物体下落速度较快。⑤一些固有的观念。近年来有研究者提出儿童天生有处理周围环境的能力，但是以儿童自身的观念而不是以科学的方式来处理，假如处理的过程没有太多的挑战，那就会进一步加深在生活经验与观察中产生的迷思概念。

总体而言，学习者的迷思概念主要受主体思维发展的特点、认知方式、讲授者采用的方式、同伴文化和社会媒介的非科学信息等因素影响。

7.2　复杂知识与概念学习

7.2.1　复杂知识是什么

随着西方工业的发展，在分析哲学和培根的"知识就是力量"观念的影响下，"葛梯尔问题"[①] 再次掀起了对知识的构成要素及证实问题的探究，学界产生了许多有关知识的流派，对知识问题的研究更臻于精细，比如：舍勒的"赎救的知识""文化的知识"和"实践的知识"[②]；孔德的"宗教知识""形而上学知识"和"实证知识"[③]；波兰尼的"显性知识"和"默会知识"[④]；利奥塔的"叙事知识"[⑤]；哈贝马斯的"实践的知识"和"解放的知识"等。中国古代老子的道学和孔子的儒学则分别从世间运行的大道和个人修养的体道探索知识的来龙去脉，形成了有别于西方对知识求真的探究之路。

因此，我们应尝试转换传统的思维方式，以一种复杂的范式来重新审视我们从日常生活经验中获取的关于客观事物的信息和形成的信念，以求获得相对准确的知识。尽管知识是一个十分复杂的概念，但是在复杂、多元思维范式指导下的复杂知识，作为对传统知识的一种有益补充，成为我们对知识探索的一条途径。

《辞海》对"复杂"的解释是："事物的种类、头绪等多而杂乱，问题复杂。"在系统论中，同"简单"相对，表征事物或系统的组织水平的范畴，指事物或系统的多因素性、多层次性、多变性以及相互作用所形成的整体行为和演化。一般认为，非线性、不确定性、不稳定性等是复杂性的根源。从本体论的角度来看待复杂的定义，它是指事物本身的多样性、复杂性，它整合了有序和无序，介于有序和无序之间；从认识论的角度看待复杂的定义，复杂作为一个系统，它具有多因素、多层

---

① 1963 年，美国哲学家爱德蒙德·葛梯尔（Edmund Gettier）质疑知识三要素（又称为 JTB 理论）的正确性，进一步提出问题：应当怎样补充或修改知识三要素，才能完整地定义知识的概念？

② 马克斯·舍勒的哲学来源：https://ptext. nju. edu. cn/ec/8e/c13164a519310/page. htm.

③ 孔德是实证主义社会学的创始人，主张"社会学是研究社会现象的自然科学，坚信人类知识的统一性"。

④ 英国哲学家波兰尼将人类的知识分为显性知识与默会知识。显性知识指通常意义上可以用概念、命题、公式、图形等加以陈述的知识。这种知识属于你教我学的 learning about。默会知识则指那些无法言传或不清楚的部分。这种知识无法直接传递，属于亲身经历与体验、发现与探索的过程中心领神会的 learning to be。默会知识不仅发生在大脑中，而且在身体和感官的各个层面，在不同纬度的信息之间制造联想与连接。

⑤ 利奥塔将知识分为叙事知识和科学知识，其中叙事知识由自身确定其合法性，而科学知识则通过西方哲学确定其合法性。后现代社会需求对科学知识的合法性进行新的界定，应将谬误推理当成新的合法性标准。

次、多变、显著的非线性、不确定性、整体性和非平衡性等特征。因此，复杂并不是无序的、无政府的状态，而是以复杂的更高阶规律涌现的一种秩序，它反映了人类用理性思维理解事物时所存在的认知困难，这对研究者在探索"复杂知识"时也有启发作用。

从本质上看，复杂知识追求的不仅是状态的知识，更是过程的知识；不仅是存在的知识，更是演化的知识。因此，它的结构是复杂的、多样的、立体的、自组织的。从形式上看，它的外显不是单一的、平面的、永恒的、稳定的，而是立体的、复杂的、情境的。从内容构成上看，它是一和多的关系，是多样性的统一，不是简单的量变与质变的关系，而是复杂的、非线性的关系。从性质上看，它追求的是超越各具体学科的认知领域、陈述形式、传播方式的不同而共享的统一的性质。从获取策略上看，它更注重商谈、对话、谈判的思想方式，是一种复杂的、多维的思维方式，是科学范式的革命，但它并不是对简单思维方式的否弃，而是对简单思维方式的包含和整合。从内在逻辑上看，它既尊重理性逻辑所追求的客观统一的知识，又尊重理性逻辑与经验交流对话中的主观情感、生命价值。

复杂知识作为一个主导概念，就像"有序"对"决定论"、"物质"对"唯物论"、"精神"对"唯心论"、"结构"对"结构主义"一样。如果把"真理"作为传统知识观的隐喻，把"效用"作为实用主义知识观的隐喻，把"结构"作为建构主义知识观的隐喻，那么我们可以把"关系"作为复杂知识观的隐喻。

因此，复杂知识是针对传统受工具理性主义驱使所追求知识的客观性、普遍性、永恒性和后现代的追求知识的相对个体性的批判和反思而言的。复杂知识并不是知识的杂乱无章，也不是知识的怀疑主义和相对主义，更不是知识的客观统一、质变与量变的关系，它追求的是知识在"变化中统一"。法国思想家莫兰认为复杂性是统一性与多样性之间的联系。因此，笔者认为，复杂知识是人类在不同思维范式指导下的社会实践活动中获取的关于自然、科学、人文的信息集合体。

7.2.2　概念学习

知识作为人类探究客观自然的结果无不体现了人类的兴趣、偏爱和利益等价值诉求。对知识价值的分类有多种说法，如划分为：内在价值、外在价值和多元价值；科学价值、人文价值和社会价值等。无论哪一种分类，都体现了面对变化无常的自然界的人类渴求确定性的一种心理诉求。正如康德所言，自然界的最高立法必须是在我们心中。因此，上帝、理性、科学、主体等代表最高立法的词语便在人类的主观意识中诞生了。无论哪一个词语被选中，都体现了特定时期特定人群的哲学思维和价值愿望。

人类活动是目的性的活动，随着社会的发展，在传统主客二分以求真理的一元哲学观的指引下，追求确定性、客观性和必然性的知识观越来越受到质疑和批判。达尔文的进化论哲学告诉我们，世界的实质是一个过程性的世界。人类的不同发展阶段有不同的追求和愿望，并且它们没有一定的终极性。对此，杜威曾这样评价达尔文对哲学的影响："在于他把握了生命现象变迁的原理，因而开启了将这种新的逻辑运用于心灵、道德与生活的道路"（詹姆斯，2010）。

因此，为了较全面地了解客观事物并获取知识，拥有知识的价值，我们有必要对传统的知识观、学习观和教学观进行梳理以探究它们的哲学观和所追求的价值观，以期对我们的复杂哲学观有所启示和指导。

7.3　迷思概念转变

迷思概念转变的相关实践和研究较多，广义地讲，迷思概念的转变是指当新概念不能融入现有的认知结构中时，只能通过改变原有的认知结构来主动构建新知识的过程。狭义地讲，当学习者学习有关某个问题、事实的新知识时，或改变原有想法时，便是概念转变。

7.3.1　概念转变的理论基础

1. 基于认识论的概念转变理论

Posner（1982）等借鉴了库恩、拉卡托斯等当代科学哲学家的思想，将学习者的概念转变与科学的发展相类比，包含"学习是探究""学生是科学家"的隐喻，并提出了著名的基于认识论的概念转变模型（conceptual change model），该模型对概念转变的界定是：核心、组织化的概念由一套概念系统转变为另一套不兼容概念系统的过程①。

概念转变有两种类型：一是"同化"（assimilation），运用已有的概念解释新现象；二是"顺应"（accommodation），为成功地理解新现象而对核心概念进行重构，是根本性的转变。实现顺应需要满足四个条件：①学习者对原有概念产生不满（dissatisfaction）；②新概念具有可理解性（intelligibility），学习者对新概念形成统一和谐的内部表征；③新概念具有合理性（plausibility），学习者的其他知识或信念与新概念一致；④新概念具有有效性（fruitfulness），学习者可运用新概念解释反例或引申新的探究方向。

他们将影响概念转变的因素形象地描述为"概念生态圈"（conceptual ecology），具体包含五个方面：①反例，实验或观察的异常现象、异常结果；②类比和隐喻，使新概念变得可理解；③认识论信念，学生对知识性质、获得过程的认识，比如成功知识具有"经济、优雅、暂无反例"的标准；④形而上学的信念和观点，包括学生对科学本质的理解和学生对概念的元认识，比如相对时空观是学生理解狭义相对论时间概念的元认识；⑤其他知识，比如竞争的概念。

2. 基于本体论的概念转变理论

Chi（1994）等提出了基于本体论的概念转变理论，该理论认为：在认识论层面，世界上的实体可归属为三个基本的本体论类别："物质"（matter）、"过程"（processes）和"心理状态"（mental states），每一个基本类别下又有若干子类别，层层散开，构成三棵"本体论树"（ontological categories trees）；在形而上学层面，许多科学概念属于"过程"类别下"基于条件的相互作用"的子类别；在心理层面，学习者倾向于将这些科学概念归为"物质"类别。他认为，正是在不同层面上本体论类别的差异，尤其是形而上学层面与心理层面分类的不一致，导致学习者概念的错误。当学习者将概念正确地归入其所应从属的类别时，概念转变即可实现②。基于本体论的概念转变也有两类：同一本体

---

① POSNER G J, STRIKE K A, HEWSON P W, et al. Accommodation of a scientific conception: toward a theory of conceptual change [J]. Science education, 1982, 66（2）: 211 – 227.

② CHI M T H, et al. From things to processes: a theory of conceptual change for learning science concepts [J]. Learning and instruction, 1994, 4（1）: 27 – 43.

论类别下子类别之间的转换，称为"枝节转移"（branch jumping）；不同本体论类别之间的转换，比如从"物质"类别转移到"过程"类别，称为"主干变换"（tree switching），如图 7 – 1 所示，前者较易实现，后者较难达成。

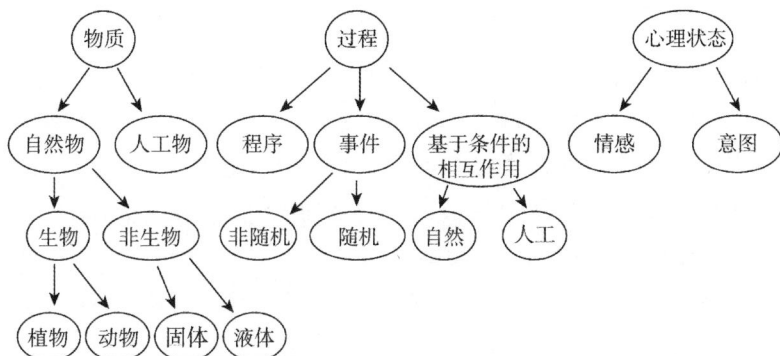

图 7 – 1　基于本体论的概念转变理论模型

3. 基于朴素理论的概念转变理论

Vosniadou（1994）基于发展心理学对婴儿朴素理论研究的成果，是从框架理论的角度对概念转变加以阐释的。该理论认为，概念根植于对它们起约束作用的更大的理论结构中，理论结构包括框架理论（framework theory）和具体理论（specific theory）[①]。框架理论包含本体论和认识论的前提，从婴儿期的朴素理论发展而来；具体理论包含信念（beliefs）与心理模型（mental models），受框架理论的约束在特定的问题情境中生成，具有动态性。当学习者在包含错误的本体论和认识论前提的框架理论下吸收新的信息，将会导致其学习到错误的概念。因此，概念转变与理论结构的拓展和变化有关，具体分为两类：一是"丰富"（enrichment），在原有的理论结构下吸收新信息；二是"修正"（revision），就理论结构的转变而言，具体理论较易改变，框架理论则较难

---

① VOSNIADOU S, et al. Capturing and modeling the process of conceptual change［J］. Learning and instruction, 1994, 4（1）：45 – 69.

改变。

7.3.2 认知冲突

认知冲突（cognitive conflict）是学习者已建立的认知结构与当前面临的情境之间暂时的矛盾与冲突，是已有的知识和经验与新知识之间存在某种差距而导致心理失衡的一种认知状态[①]。学习者经历认知冲突的过程与其在概念转变时经历的心理历程相似。因而，很多学者认为概念转变的过程就是认知冲突的引发及其解决的过程，或者说引发认知冲突是进行概念转变的重要条件。Hashweh（1986）认为学生头脑中迷思概念的转变过程主要存在两类认知冲突：新认知与迷思概念之间的认知冲突（记为冲突1）以及迷思概念与科学概念之间的认知冲突（记为冲突2）。它们的关系如图7-2所示：

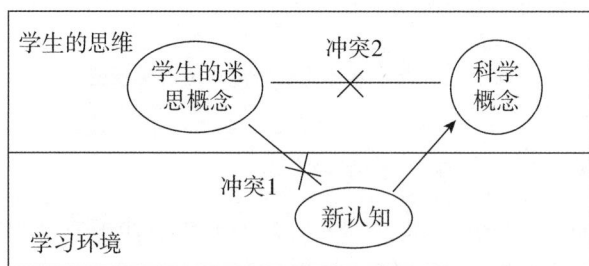

图7-2 认知冲突的类型

长期以来，差异性事件（discrepant events）被认为是引发认知冲突的有效手段，这类事件呈现的现象或结果通常是学习者意想不到的、违反其直觉的、似非而是的[②]。例如，伽利略的"两个铁球同时着地"的实验就是差异性事件，差异性事件呈现给学生的结果或现象往往与其原有的认知结构不一致，因而能引发学生的认知冲突，带来概念的转变，还可帮助学生克服新认知与迷思概念之间的认知冲突（图7-2的

---

① WHITE R T, GUNSTONE R F. Metalearning and conceptual change [J]. International journal of science education, 1989, 11 (5): 577 - 586.

② TSAI C. Ideas about earthquakes after experiencing a natural disaster in Taiwan: an amalysis of students' worldviews [J]. Journal of science education, 2000, 23 (10): 1007 - 1016.

冲突 1），形成新认知。

如果简单地使用差异性事件难以重建学生的科学概念，则需要对概念转变实施干预策略，Tsai（2000）根据 Posner 的概念转变模型（CCM）提出解决认知冲突（图 7 - 2 的冲突 2）的四个条件：

（1）为科学概念提供一个最基本的理解。如在学习自由落体的知识时，若学生存在前概念（物体越重，下落速度越快），教师应当通过举例或类比等方法讲解重力或者重力加速度的概念，这样更容易被学生理解。

（2）提供批判性事件或解释。前概念（物体越重，下落速度越快）源于学生的日常生活经验，因为在有空气阻力的条件下，重的物体比轻的物体下落得更快。此时，教师应该向学生讲解或利用动画演示在真空中羽毛和铁球在相同高度、相同速度下落的情况，这就是批判性事件的例子，直接针对认知冲突提供事实。

（3）支持目标科学概念的关联科学概念。万有引力定律能够帮助学生理解。由于重力的原因，地球上的物体具有相同的加速度，因此可得出重物体和轻物从同一高度释放具有相同的加速度的结论。此外，加速度和牛顿第二定律也支持目标科学概念的相关概念。

（4）维持科学概念的认知支持。伽利略提出了一个思想实验，该实验把一个重物和轻物拧在一根绳子上，这个结合体比单独两个物体更重，然而由于轻物下降得更慢，阻止了下降得更快的重物。因此，这个结合体和两个单独的物体将以相同的速度下降。此外，其他星球的重力现象也可提供额外的支持。

7.4 迷思概念转变案例

7.4.1 案例一[①]

本案例通过了解光合作用的发现过程，明确探究实验思想是科学家的实验灵魂，帮助学习者建立光合作用的概念，转变其认为植物生长的营养物质来自土壤的迷思概念。

---

① 顾学明 . 重在意义建构 贵在能力生成——以"植物光合作用"为例谈生物学概念的建构教学［J］. 教育科学论坛，2015（7）：44 – 46.

第一阶段：探测原有概念。

教师展示校园中桂花的生长图片，引导学习者聚焦以下两个问题：植物为什么会生长？植物生长所需的营养物质来自哪里？这一举动把学习者的注意力引导至植物的营养物质的来源上，并让他们就上述问题说出自己的看法。通过课前的问卷调查和访谈可知，学习者对此问题的迷思概念有：植物生长所需的营养物质来自土壤、水等。

第二阶段：学习历史。

教师引入光合作用的发现历史，首先介绍早期科学家对植物成长之谜这一自然现象的思考、光合作用被发现时的社会背景以及相关的几个著名实验。例如：亚里士多德认为植物生长的物质来自土壤；范·海尔蒙特证明植物增加的重量来自雨水而非土壤的经典柳树实验；普利斯特利、英格豪斯及谢尼伯等人的研究证明植物在光下吸收二氧化碳，释放氧气；萨克斯实验证明绿叶在光合作用中产生淀粉。需要注意的是，教学过程中教师不仅要让学习者理解这些实验的原理、目的以及科学家在实验设计上的巧妙之处，还要鼓励学习者勇于质疑。例如，海尔蒙特的实验结论是否完全正确？从生活环境的角度分析植物生长需要的物质来源是否合适？还要考虑其他什么因素吗？重复普利斯特利的实验，为什么有时成功有时不成功呢？萨克斯在实验前把绿色叶片放在暗处几个小时，目的是什么？

教师还可以引导学习者积极讨论并归纳科学家关于光合作用的发现过程，补充如表7-1所示。

表7-1　光合作用的发现表

科学家	结论
海尔蒙特	植物生长所需要的物质并非来自土壤； 水是使植物增重的物质
普利斯特利	绿色植物能净化因燃烧或呼吸而变污浊的空气
英格豪斯	绿色植物能够在光下净化空气，并能释放气体
谢尼伯	植物在光下释放氧气、吸收二氧化碳

（续上表）

科学家	结论
萨克斯	绿色植物在光下合成淀粉
总结植物生长原因	植物在光下把无机物合成有机物——光合作用

接着，教师引导学习者讨论为什么古代科学家会有那样的观点。之后，教师引导学习者自己设计实验，验证自己的观点和科学家的观点。例如，设计实验检验光合作用是否需要吸收二氧化碳；验证植物光合作用是否需要叶绿素；验证绿叶在光下是否合成淀粉；检验光合作用是否释放氧气等。

第三阶段：呈现科学概念。

教师讲解光合作用的过程，学习者进一步明确光合作用过程中的物质变化：绿色植物能够在光下进行光合作用把无机物转变成有机物，使植物不断生长。

通过把光合作用的发现历史贯穿于课堂的认知分析教学，学习者能够体验科学知识的形成过程，从中学习科学家的思维方法，并能更好地理解科学概念、科学原理的来龙去脉。当最后教师讲解光合作用的科学概念时，学习者也会把科学概念与自己的观念和解释进行对照、检验，其在这一过程中可能产生认知冲突。学习者也能认识到早期的科学家在解释一些自然现象时与他们一样有着类似的迷思概念，使他们得到一种心理上的支持，提高其在概念转变上的积极态度与动机，从而有利于学习者的概念转变。

7.4.2　案例二[①]

"化学平衡"是中学化学教学中的核心概念，是中学阶段学生化学学习的难点之一，该主题包含抽象概念，由于这些概念本身的抽象性以及它们与日常用语之间存在的差异性，导致学生在学习过程中容易产生迷思概念。因此，本研究结合典型的认知冲突图模型和认知冲突的来

---

① 周礼，鲁春梅，闫春更，等. 基于概念转变模型和认知冲突图的课例研究——以"化学平衡的动态性"为例 [J]. 化学教育（中英文），2014，41（9）：25－30.

源，以化学平衡的动态性为例进行概念转变，并进一步阐述冲突图的建构过程。

学生在初学化学平衡时，由于受到已有概念的影响，如天平平衡、受力平衡是一种静态平衡等，容易形成化学平衡也是一种静态平衡的迷思概念。针对该迷思概念，教师可以提供差异性事件，帮助学生克服新认知与迷思概念之间的认知冲突，固化新认知，之后使其发现化学平衡与天平平衡的差异性；但是，仅仅提供差异性事件对于转变迷思概念是比较困难的，因为差异性事件难以让学生认识到化学平衡动态性的本质，此时应提供批判性事件，直接从微观上揭示化学平衡的动态本质。此外，根据认知冲突图的建构顺序，教师可以提供可逆反应、反应限度等关联科学概念，并列举其他生活中的经验作为支持性认知，从而最终克服迷思概念与科学概念之间的认知冲突，实现科学概念的建构。认知冲突如图 7-3 所示。

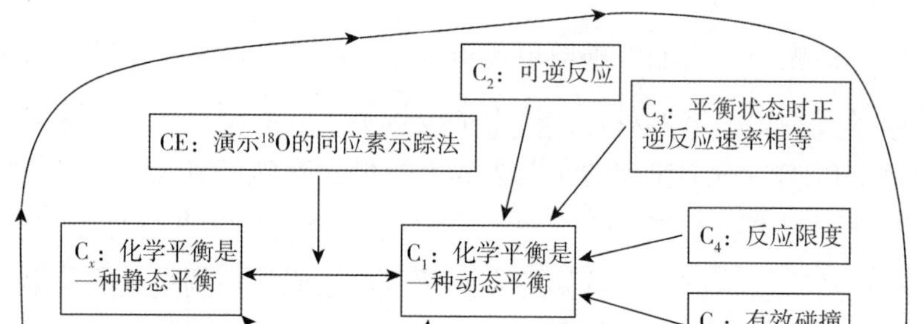

图 7-3 化学平衡动态性的认知冲突图

本案例的教学流程包括：新课引入、形成新认知、形成科学概念，具体如表 7-2 所示：

表 7 - 2　教学流程

教学环节	教师活动	学生活动	设计意图
新课引入	【提问】请列举出你身边有关"平衡"的事例并说明其特征；化学平衡与生活中的天平、受力平衡有何区别	学生能回答出天平平衡、受力平衡等，对于化学平衡，学生根据已有的知识经验，认为化学平衡与天平平衡、受力平衡一样属于静态平衡（C_x）	以物理学中的天平平衡、受力平衡与化学平衡进行差异性比较，激发学生的学习兴趣
形成新认知	【差异性事件】教师演示 $CuSO_4$ 晶体的溶解平衡过程（DE）：配置 $CuSO_4$ 饱和溶液，用细绳吊起一块已知重量的 $CuSO_4 \cdot 5H_2O$ 晶体，放入饱和溶液中	一段时间后，学生取出该晶体，发现形状变了，再进行称重，发现重量不变，由此，学生认识到该过程具有动态性（P_1）	通过差异性事件，让学生克服冲突1，形成新认知，但是该反应过程只是化学平衡具有动态性的一个表象，学生仍然不理解平衡动态性的本质原因
形成科学概念	【批判性事件】通过多媒体课件演示 ^{18}O 的同位素示踪法（CE）：将 SO_2 与 O_2 按一定比例混合，通入 500℃、101kPa、含催化剂的密闭容器中，反应达到化学平衡后，再通入一定量含 $^{18}O_2$ 的氧气，进行充分反应。然后，抽取容器中的气体，用同位素示踪法检测	学生观察检测结果，发现反应后的容器中含有 $SO^{18}O$、$S^{18}O_2$、$O^{18}O$、$^{18}O_2$、$SO_2{}^{18}O$、$SO^{18}O_2$、$SO^{18}O_3$，即 SO_2、O_2、SO_3 中都含有 ^{18}O。由此，学生可以推测，可逆反应达到平衡状态时，反应并不是停止，而是正反应和逆反应同时等速进行，因此 ^{18}O 能在各组分中存在，进而证明化学平衡的动态性	通过这个批判性事件和实验现象，让学生从反应的本质上认识到化学平衡的动态性

通过本课例的教学实践发现，在使用认知冲突图的课堂中，学生学习的积极性得到了提高，更容易理解比较抽象的概念。但对于教师而言，设计出高效的认知冲突图需要积累大量的教学素材，而且很难做到为每一个抽象概念都找到合适的差异性事件、批判性事件和关联科学概念，因此在选择概念进行教学设计时应当有所取舍。此外，在实际的课堂教学中，教学的时间成本也应当被列入考虑，认知冲突图在课堂教学中的使用需要占用一定的时间，对于难度较大的抽象概念具有更好的实用性。

参考文献

[1] 边家胜，董玉琦. 学科学习中的"概念转变"策略探析——基于日本概念转变研究的综述 [J]. 外国教育研究，2016，43（3）：94－107.

[2] 西利亚斯. 复杂性与后现代主义—理解复杂系统 [M]. 曾国屏，译. 上海：上海科技教育出版社，2006：18.

[3] 中国百科全书总编辑委员会《教育》编辑委员会. 中国大百科全书：教育 [M]. 北京：中国大百科全书出版社，1985：525.

[4] 冯春艳，陈旭远. 国外科学概念转变教学研究：模式、策略及启示 [J]. 理论月刊，2021（3）：150－160.

[5] 顾明远. 教育大辞典：第一卷 [M]. 上海：上海教育出版社，1990：144.

[6] 顾林正. 从个体知识到社会知识 罗蒂的知识论研究 [M]. 上海：上海人民出版社，2020：13.

[7] 詹姆斯·斯坎贝尔. 理解杜威：自然与协作的智慧 [M]. 杨柳新，译. 北京：北京大学出版社，2010：30.

[8] 罗素. 西方哲学史：下 [M]. 马元德，译，北京：商务印书馆，2009：140.

[9] 尼古拉斯·雷舍尔. 复杂性：一种哲学概观 [M]. 吴彤，译. 上海：上海科技教育出版社，2007：29

[10] 吴娴，罗星凯，辛涛. 概念转变理论及其发展述评 [J]. 心理科学进展，2008（6）：880－886.

[11] 万志宏. 概念转变理论：本体论、元认知和动机的视角 [J]. 教育与教学研究，2021，35（10）：7－17.

[12] CHI M T H, et al. From things to processes：a theory of conceptual change for learning science concepts [J]. Learning and instruction, 1994, 4（1）：27－43.

[13] POSNER G J, STRIKE K A, HEWSON P W, et al. Accommodation of a scientific conception：toward a theory of conceptual change [J]. Science education, 1982, 66（2）：211－227.

[14] TSAI C. Ideas about earthquakes after experiencing a natural disaster in Taiwan: an a-nalysis of students' worldviews [J]. Journal of science education, 2000, 23 (10): 1007 – 1016.

[15] VOSNIADOU S, et al. Capturing and modeling the process of conceptual change [J]. Learning and instruction, 1994, 4 (1): 45 – 69.

[16] WHITE R T, GUNSTONE R F. Metalearning and conceptual change [J]. Inter-national journal of science education, 1989, 11 (5): 577 – 586.

第 8 章　认知支持

8.1.1　认知支持的概念

认知支持的概念源自西方，指的是对学习者学习过程的支持，研究者最早采用 scaffolding 一词来表示，该词原意为"脚手架""支架"，是建筑学上的词汇，而 Wood，Bruner 和 Ross（1976）首次借用 scaffolding 一词的隐喻义，并将其运用于教育学领域，表示在儿童学习过程中的学习支架。他们认为在支架的引导下，儿童或新手可以完成一个超出他自身努力范围的任务。也就是说，scaffolding 被隐喻为能力较高的人向能力较低的人在学习或解决问题的过程中提供的支持物。在 20 世纪 70 年代，美国教育学家和认知心理学家布鲁纳（Jerome Seymour Bruner）提出"脚手架教学"的教学策略，该策略也被称为"支架式教学"。

相关研究者针对学习者学习过程中的支持进行了相关研究，并提出了不同的见解，如杜军（2005）从知识的关联性出发，认为认知支持是与新知识相关联的一些功能性、预备性知识和由它们组成新知识的基本思想概念。高芹（2010）则强调学习的辅助作用，将认知支持看作对学习者问题解决和意义建构起辅助作用的概念框架。戴妍（2014）随后加以补充，她认为当学习者所要解决的问题超越其自身的能力范围时，认知支持可以为学习者提供各种结构化和系统化的帮助与支持，其目的是帮助学习者更好地掌握相关领域的知识和解决问题的技能。

总之，认知支持就像学习者学习过程中的好帮手，发挥着辅助功能，帮助学习者解决一些无法独立完成的任务。认知支持的表现形式各式各样，可以是一种教学模式，如支架式教学；可以是一种教学工具，如先行组织者；也可以是教师的教学行为，如教师的示范、教师的暗示等，由能力较高的人提供的有助于能力较低的学习者学习的事物均属于认知支持。

在实践中，教师也逐步总结出使用认知支架的经验，大致上可分为两类：第一类是通过人际交互发挥作用的认知脚手架，可称为交互式脚手架；第二类是把人的智慧和文化功能固化在工具和技术设备上的脚手架，可称为工具式脚手架。

交互式脚手架的类型很多，主要包括教师示范、提问、降低学习难度、提示和暗示、游戏活动、小组讨论、合作学习等。

教师示范：让学习者尝试学习一首新歌，教师先做示范。

提问：在帮助学习者理解故事情节时，教师向学习者就故事情节进行提问。

降低学习难度：当学习者感到学习材料不易理解时，教师应该将材料和内容分解为小的步骤，降低难度，随着学习者技能的熟练，再逐步提高难度。

提示和暗示：为了使学习者更深入地理解和掌握学习内容或活动内容，教师不应代替学习者的思考活动，更不能直接告诉他们答案，而是要不断给予暗示、启发和提示。

游戏活动、小组讨论、合作学习：让学习者通过游戏、相互讨论和共同合作解决问题。

工具式脚手架种类繁多，根据其功用可分为：替代经验的工具、掌握现象根本结构的工具、电子和媒体工具。

替代经验的工具：此类工具可以给学习者提供在课堂中无法获得的材料和经验。这些工具主要包括电影、电视、录音带、书籍等。学习者可从中获得替代性经验；

掌握现象根本结构的工具：此类工具有助于学习者掌握某种现象的结构，如科学现象的实验演示装置、有关立体几何的各种积木、图表、图像、模型等；

电子和媒体工具：此类工具有助于学习者对视觉形象、声音和触觉等多种形式的感官信息输入和加工，克服传统教育中只靠听觉和视觉的输入、加工信息的不足，使大脑多种表征形式的能力得以利用和开发。

多媒体课件为学习者提供了崭新的学习环境，网络更是减少了时间和空间对教学的限制。

认知支持是指有利于学习者意义建构的辅助，因此一切有利于学习者进行有效学习的皆可成为认知支持，所以其研究范围也比较宽泛和细碎。国外对认知支持的研究渗透到了各个研究情境中，但国内对认知支持领域的研究相对较少，目前国内在教学领域中对认知支持的应用主要体现在支架式教学，或与一些线上教学等新型教学方式结合。概念图、先行组织者等作为认知支持工具在教学上的应用也比较广泛。在实际教学活动中，通常是多种脚手架结合在一起使用。在教学中使用脚手架，会根据教学目的要求，选择适当的活动内容，使任务的难度水平与学习者的能力水平相适应。

8.1.2 认知支持的产生与发展

1976 年，Wood，Bruner 和 Ross 以 30 名 3～5 岁的儿童为被试，研究了指导儿童构建三维结构的过程，他们观察了家庭教师和孩子之间相互作用的变化，并对三个年龄组的表现进行了比较。研究结果表明，不同年龄阶段所需要的帮助的种类存在明显差异：3 岁的孩子需要被"引诱"到任务中，还需要家庭教师示范活动；4 岁的孩子对言语互动和刺激的反应更频繁；而 5 岁的孩子则是自己搭建完成，并让教师检查自己搭建的三维结构。其中，辅导互动是儿童学习的一个关键特征，而这些互动通常涉及支架，使儿童能完成他们无法独自完成的事情。认知支持包括为孩子提供超出自己能力范围的帮助，同时鼓励他们完成自己能力范围内的事情。这不仅有助于孩子们完成手头的任务，还向他们展示了新的策略，最终让孩子在没有帮助的情况下完成类似的任务。

在之后的文献中，研究者们便使用"认知支持"或"脚手架"这一隐喻来表示成人对儿童意义建构过程提供的支持。20 世纪 70 年代至 80 年代期间，相关研究内容大都集中在家长和儿童之间互动的认知支持，比如研究母亲如何帮助孩子学习语言，且多以描述性研究为主。Hodapp，Goldfield 和 Boyatzis（1984）通过纵向研究，每月追踪了 17 名从 8 个月大到 16 个月大的婴儿与其母亲的话轮转换[①]（turn taking），发现认知支持确实能有效促进儿童学习新技能。直到 20 世纪 80 年代中期，认知支持的研究才逐渐出现在教师教学、课堂互动领域。最先在教学领域的探索集中于分析课堂上教师与学生的对话过程和教师的语言教学（Lehr，1985）。在接下来的研究中，研究者们把研究重点逐渐转向教学策略，并在不同学科的教学领域中找到它的位置；并提出了有助于学习者理解的交互式教学法（Palincsar & Brown，1984）、对话式教学法（M. Nystrand，1997）等。

认知支持的具体含义也在不断明确。Langer 和 Applebee（1986）提出了有效教学支架的五个组成部分，分别是：①所有权，即学习者所要学的知识；②适当性，即学习者现有的知识；③结构性，即学习者的思想和行动序列；④合作，即教学者与学习者之间的交互；⑤内化，即撤销脚手架的过程。Saye 和 Brush（2002）将认知支持分为两种类型。第一种类型是动态的（即软支架），侧重于互动讨论或教师的指导。例如，教师支架和同伴脚手架。第二种类型是静态的（即硬支架），指的是软件和材料。例如，教师可以使用材料、技术或多媒体作为即时指导和反馈。

8.1.3　认知支持的理论依据

Pacifici 和 Bearison（1991）比较了 9 位由母亲提供认知支持的 3 岁儿童和 20 位由实验者提供精心设计的认知支持的 3 岁儿童在解决一系列问题时的表现情况，发现精心设计的认知支持效果会更好。而认知支持发展和设计的理论基础源于苏联著名心理学家维果茨基提出的最近发展区理论（zone of proximal development，ZPD）。最近发展区是指儿童独立解决问题的现有发展水平与成人或有经验者指导下解决问题的潜在发展水平之间的差距（实际发展水平 - 潜在发展水平 = 最近发展区），基于儿童的最近发展区而设计的认知支持能帮助儿童达到潜在发展水平。

---

① 话轮由 Sacks 等人提出，是日常会话的基本结构单位，指某人在某段时间所说的一段话。在这一过程中出现的沉默或另一方的谈话通常标志着一个话轮的终止和新一个话轮的开始。

成人给予儿童的认知支持要基于对儿童最近发展区的认识，并随着儿童最近发展区的变化而变化。Cazden（1979）在研究成人与儿童（包括父母与孩子、教师与学生）时，将认知支持和最近发展区理论联系起来，主张利用最近发展区来分析儿童的动态变化。基于最近发展区理论发展而来的认知支持，要求给予认知支持要贴近儿童的最近发展区，并根据儿童最近发展区的变化及时提供或减少认知支持，直至撤销。据此，Berk 和 Winsler（1999）认为有效的脚手架行为有下列五个关键点：

（1）合作解决问题。学习者应该在一系列具有相关意义且有趣的活动中学习如何与他人共同解决问题。当学习者在遇到问题时能够积极独立地解决或与他人合作解决，便是达到了脚手架教学行为的最好效果。

（2）互为主体。在教学过程中，教学者需要为学习者提供与他们学习程度相符的协助支援，使学习者能够较为容易地掌握知识点，但部分教学者未必能实时知道学习者的程度，这便需要教学者了解学习者对每一轮教学设计的反馈，因此教学者与学习者之间的行为是双向的，而不只是教学者单方面向学习者提供协助。

（3）鼓励与回应。一个欢愉的学习环境更能有效提高学习者主动学习的积极性，所以在教学期间，教学者应给予学习者积极、快乐和温暖的鼓励与回应。

（4）让学习者始终处于最近发展区中。教学者在进行脚手架教学行为的过程中要实时监督教学设计的实施情况，了解学习者实时的学习内容是否过于艰深，或者太过浅显以致其学习内容缺乏挑战性。因此，教学者需要不断了解学习者对知识的掌握程度，从而对接下来的教学行为进行适当的调整。

（5）促进自我调整。在脚手架学习的过程中，除了学习者本身，还需要教学者或其他的合作者参与其中，学习者除了学习知识以外，还要学习如何在不同的情境中根据不同的信息作出独立的或共同的决定，以及学习在不同的情况下如何做好决策者和执行者的角色。

认知支持的国内外研究现状

研究者将认知支持一词引入教育领域后，对认知支持的研究从最初的家庭教育逐步推广到教师教学。使用场景也在逐渐扩大，从个别的教学互动扩展到全班教学领域。近年来，对认知支持的研究集中在对各种具体场景及学科的认知支持策略的探索。这种认知支持或脚手架的功能，就是协助者帮助处于实际发展层次的学习者。协助者通过口语、非口语或学习工具的引导与辅助，与学习者进行互动，并随着学习者理解能力和操作能力的提高，协助者逐渐从互动过程中抽离出来，让学习者透过社会互动而渐渐内化为自我调整（self-regulation），完成知识内化的过程。

实际上，研究者在选用关键词的时候，多数采纳学习支架或脚手架来表达认知支持。截至 2021 年 10 月，以教育领域为搜索范围，以认知支持为关键词的研究并不多（5 篇论文）；以学习支持作为关键词进行搜索，去除由三维学习支持[①]理论发展而形成的学习支持（learning support）的相关论文，符合研究主题的文章仅有 9 篇，重点研究学习支持的工具对学习的影响及应用；以学习支架、支架式教学、脚手架为关键词的文献相对较多，着重于研究支持方式对教学质量和教学效率的影响。

支架式教学是认知支持下比较常用的教学模式。20 世纪 70 年代，Bruner 在研究母子语言教学时将支架扩展到教师教学领域，并提出了支架式教学（the scaffolding instruction）的概念。Bruner 认为支架式教学就是新的教学内容应与学习者已有的知识、经验和技能结合起来，建立合适的教学框架，使知识实现螺旋式上升。不同的学者对支架式教学的定义不同，安连义（2004）将支架式教学视为一种具体可行的教学策略，而王海珊（2005）则认为支架式教学是一种抽象指导的教学理念。

研究者们认为，支架式教学可分为五个简单步骤：第一步，建立脚

---

① 三维学习支持指从学习进程、学习资源、学习组织三个维度构建学习支持模式，提高教学质量。

手架；第二步，寻找节点进入情境；第三步，与同伴一起合作学习；第四步，鼓励学习者独立探索；第五步，评估学习效果。但研究者注意到，支架式教学不是一成不变的，面对不同的教学课程、教学内容和学习者特点，教学环节应该有针对性地作出改变。其中，支架的搭建和撤销作为支架式教学的重点，是必不可少的教学环节，而第四步鼓励学习者独立探索就是逐渐撤销支架的过程。

杨南昌和罗毛羽（2021）指出，图示脚手架在帮助学习者学习的过程中，应注意遵循三个学习设计原则：多媒体学习理论的匹配设计原则、学习者中心的设计原则、基于深度学习的情境支架设计原则，遵循这些原则可有效避免图示障碍的产生，让图示真正发挥脚手架的功能。还有研究者通过元分析的方法对国际上近 5 年 STEM 课程中的图示化支架的效用进行了分析，发现教师若有意识地、个性化地、有针对性地设计图示化支架，可达到提升 STEM 课程教育教学质量的目的（蔡慧英等，2020）。

8.3 认知支持的实践案例

8.3.1 对幼儿学习的认知支持

Mi-hwa Park，Ashwini Tiwari 和 Jacob W. Neumann（2020）研究了幼儿教育中的情感支架，即幼儿的情绪释放与情感依托[1]，认为在幼儿教育中使用情绪支架有利于在课堂上创造情绪氛围；有利于管理学习者的兴奋程度；有利于保持学习者的课堂学习兴趣。

情感支架在已有文献中有两种含义：一种侧重于帮助幼儿发展情感能力，另一种侧重于初中和高中教师在教学过程中解释学习者情绪的尝试。该文的作者提出第三种含义：侧重于与幼儿建立情感脚手架，即幼儿教师使用情感支架来帮助或加强幼儿教学。这一新的意义可以在三个部分的框架中进行概念化：①教师试图预测学习者对内容和材料的情感反应；②教师使用语言和非语言的混合方法来支持学习者的情绪；③教

---

[1] PARK M-H, et al. Emotional scaffoding in early childhood education [J]. Educational studies, 2020, 46 (5): 570-589.

师将课程设计视为支持或吸引学习者情感的一种形式。

　　具体的情感支架包括适当的身体接触。比如在 Mi-hua park 等人的研究中，比较友善的教师丽贝卡给伊什尼的拥抱也是一种重要的幼儿接触方式。正如丽贝卡所解释的，这种身体接触对幼儿来说是一种强有力的安慰工具。在他们的研究中，学习材料的选择是情感支架的另一个关键因素。Mi-hua park 等人在丽贝卡与黛米的互动以及莎拉与肖恩和泰勒的互动中都看到了这一点。像螺丝刀、塑料恐龙或魔术师的服装这样的简单物体，都能很快在幼儿身上制造幻觉和分心，因此教学者必须考虑到它们能引起的情绪反应。

　　Mi-hua park 等人在研究中重点记录了如下实例过程：

　　整个星期，学习者们都在玩不同类型的手动工具，并进行实验。在这段时间里，教师丽贝卡拿着一个工具箱，复习学习者们学过的各种工具。一个名叫黛米的学习者不断打断这节课，她兴奋地回忆起自己的家庭经历。丽贝卡告诉学习者们，他们将学习一种不同的工具，一种将木块固定在一起的工具。她展示了不同的螺丝刀和螺丝，并演示了如何使用它们。她拧下一个将两块砖固定在一起的螺钉。当她演示这一点时，一位名叫黛米的学习者兴奋地说："我爸爸用过它。"丽贝卡问，"黛米，你爸爸用它干什么？"黛米重复道："我爸爸用过它。"丽贝卡重复她的问题，"你爸爸用过这个？"黛米回答"是的"，丽贝卡继续上课。当丽贝卡回答另一个学习者的问题时，黛米又大声说："我爸爸有一个这样的。"这一次，丽贝卡用激动的声音回答说："你爸爸也有一个这样的吗？"同时丽贝卡试图把话题转到不同类型的螺丝钉上。但是黛米重复了一遍，"我爸爸用这个"。丽贝卡点点头说，"爸爸在工作时经常用这个"。黛米又打断了她一次，丽贝卡温柔地说："你告诉我这个，太令人兴奋了。黛米，若一个螺丝钉需要这种扁平的尖端，你认为它会是什么样子？"这个问题成功转移了黛米的注意力，她开始猜测这个螺丝钉的外观。

　　在每次回复中，丽贝卡都试图承认黛米重视她用螺丝刀建立的家庭关系。通过反复试验，丽贝卡终于找到了一种方法来验证黛米的感受，同时也转移了她的注意力和兴奋情绪。这次交流以黛米重新关注这节课而结束。

8.3.2 对小学生的认知支持

Dix（2016）通过回顾文献，发现当前的认知支持概念在谈话、元认知思维、反应式和随机式教学以及多种模式支架等领域有所贡献。Dix 认为脚手架由任务、专家和学习者三个要素组成，它涉及一种动态的互动关系，所有要素必须协同工作以提高学习效果。认知支持的学习有效性不仅取决于专家的教学能力和学科知识，还取决于专家对学习者的了解程度。

该文章中，Dix 研究了写作教学领域的参与式脚手架的框架（participatory scaffolding frame work）①，主要是通过学习活动，如角色扮演的形式让学习者深度体会人物，然后构建相关的想法、词句的认知用以辅助学习者进行接下来的人物描写。

（1）研究对象：Kat 老师和她的二年级、三年级学习者。

（2）研究方法：课堂观察、教师访谈。

（3）教学领域：怎么撰写人物描写。

（4）脚手架设计：

宏观方面：学习的目标指向性强；重复写作过程框架下的新学习；引导学习者使用图式结构。

微观方面：教师针对具体的上课情况进行适应性调整或者应急措施，文中提到了 5 种微观调整，分别为调整学习者想要讨论的人物；让学习者从描述人物外表到探索人格品质；对学习者口头表达的反应进行调整；组织合作性讨论；谈判和接管学习者。教师通过写作前的活动激发学习者已有的经验，构建出图式结构，包括想法、短语和词汇，用以指导学习者的写作。

该文章研究了如何在课堂上搭建写作脚手架以及学习者如何参与情境的搭建。脚手架教学作为一种有效的教学实践，是一种灵活的实践，但必须根据教学目的、教学内容和学习者的参与性反应而进行调整。

---

① DIX S. Teaching writing: a multilayered participatory scaffolding practice（article）[J]. Literacy, 2016, 50（1）: 23 –31.

8.3.3 对中学生的认知支持

Huei-Tse Hou 和 Su-Han Keng（2021）研究了一个同伴支架和认知支架的双支架框架的 AR 教育棋盘游戏①，提出了两种类型的认知方式，它一方面有助于学习者发展更高层次的认知思维，另一方面有助于学习者实现有效的同伴互动。研究内容如下：

（1）认知支架：在游戏中，玩家可以扫描游戏卡上的标签（如图像或图标），以获得即时反馈或额外线索。获得的反馈和线索上将显示关键信息，或者实现可视化模拟，作为学习者的认知支架。

（2）同伴脚手架：在设计游戏机制时，设计者应强调团队协作。这种设计有助于促进学习者的互动行为（例如，与同伴交换卡片）和讨论行为（例如，基于游戏背景和学习主题更高层次的分析和评估）。这种机制可以作为同伴支架，促进更高层次的认知思维和协作学习。

（3）研究对象：中国台湾地区北部某校八年级的中学生，他们从未玩过 AR 教育游戏，所有参与者都是由研究小组从台北市一所初中的两个班级招募的，并且都是自愿参加这项研究的。44 名参与者被分成11 组，每组有 4 名参与者。他们的年龄在 13~15 岁，平均为 14.07 岁。

（4）实验过程：借助流量量表和技术接受量表收集实验数据。这项研究是在教室里进行的。每组有四名学习者，他们使用单机版游戏《拯救毒品之城》和一台移动设备。实验前，研究者向参与者介绍游戏系统和游戏规则（约 15 分钟）。介绍中不包括游戏内容。参与者在听取介绍后开始游戏（60 分钟）。在游戏中，研究者对参与者的行为进行录像（例如，他们在游戏中的动作和讨论），以供日后分析。游戏结束后，参与者回答流量量表和技术接受量表的问题（5 分钟）。

该案例为游戏化教学提供了很好的思路和方向。研究发现，使用双支架 AR 教育棋盘游戏的学习者具有较高的技术接受度和参与度。此外，流量与接受度之间也有很高的相关性。该研究将群体中每个个体的

---

① HOU H-T, KENG S-H. A dual-scaffolding framework integrating peer-scaffolding and cognitive-scaffolding for an augmented reality-based educational board game: an analysis of learners' collective flow state and collaborative learning behavioral patterns [J]. Journal of educational computing research, 2021, 59（3）: 547 –573.

流量平均值作为集体流量，分析了高集体流量组和低集体流量组在反射行为和分析行为上的差异。高年级组表现出更多的反思行为和分析行为，表明高流动状态的学习者可能具备更深入的认知思维。因此，教师和游戏机制应该促进学习者更高程度的流动参与。

参考文献

［1］安连义. 维果茨基与建构主义［J］. 天津市教科院学报，2004（4）：51-55.

［2］蔡慧英，董海霞，王琦. 教师如何有效设计图示化支架支持 STEM 课程教学——基于 30 项实验和准实验研究的元分析［J］. 电化教育研究，2020（10）：73-81.

［3］杜军."支架式"教学应重视"脚手架"的搭建［J］. 教育理论与实践，2005，25（14）：51-53.

［4］戴妍. 对话式脚手架：一种新的教学策略［J］. 现代远距离教育，2014（4）：44-49.

［5］高芹."支架式教学"的理论与实践探索［J］. 中国电力教育，2010（4）：49-50.

［6］何善亮."最近发展区"的多重解读及其教育蕴涵［J］. 教育学报，2007（4）：29-34.

［7］杨南昌，罗毛羽."脚手架"如何变成了"绊脚石"——小学数学中的图示障碍研究［J］. 电化教育研究，2021，42（7）：114-121.

［8］王海珊. 教与学的有效互动——简析支架式教学［J］. 福建师范大学学报（哲学社会科学版），2005（1）：140-143.

［9］吴明明. 如何帮助儿童搭建学习的"支架"［J］. 上海教育科研，2003（6）：54-56.

［10］CAZDEN C B. Peekaboo as an instructional model：discourse development at home and at school［J］. Papers and reports on child language development，1979（17）.

［11］LEHR F. ERIC/RCS report：instructional scaffolding［J］. Language arts，1985，62（6）：667-672.

［12］DIX S. Teaching writing：a multilayered participatory scaffolding practice（article）［J］. Literacy，2016，50（1）：23-31.

［13］HOU H-T，KENG S-H. A dual-scaffolding framework integrating peer-scaffolding and cognitive-scaffolding for an augmented reality-based educational board game：an analysis of learners' collective flow state and collaborative learning behavioral patterns［J］. Journal of educational computing research，2021，59（3）：547-573.

［14］LANGER J A & APPLEBEE A N. Reading and writing instruction：toward a theory of teaching and learning ［J］. Review of research in education, 1986 （13）: 171 – 194.

［15］ HOGAN K, PRESSLEY M. Scaffolding scientific competencies within classroom communities of inquiry ［J］. Scaffolding student learning: instructional approaches and issues, 1997: 74 – 107.

［16］ HODAPP R M, GOLDFIELD E D, BOYATZIS C J. The use and effectiveness of maternal scaffolding in mother-infant games ［J］. Child development, 1984, 55 （3）: 772 – 781.

［17］ NYTSRAND M. Dialogic instruction: when recitation becomes conversation. ［C］//M. Nystrand （Ed. ）, Opening dialogue. New York: Teachers College Press, 1997.

［18］ PARK M-H, et al. Emotional scaffoding in early childhood education ［J］. Educational studies, 2020, 46 （5）: 570 – 589.

［19］ PALINCSAR A S, BROWN A L. Reciprocal teaching of comprehension-fostering and comprehension-monitoring activities ［J］. Cognition and instruction, 1984, 1 （2）: 117 – 175.

［20］ CAESAR P, et al. Development of children's self-regulations in idealized and mother-child interactions ［J］. Cognitive development, 1991, 6 （3）: 261 – 277.

［21］ SAYE J W, BRUSH T. Scaffolding critical reasoning about history and social issues in multimedia-supported learning environments ［J］. Educational technology research and development, 2002, 50 （3）: 77 – 96.

［22］ WOOD D, BRUNER J S, ROSS G. The role of tutoring in problem solving ［J］. Journal of child psychology and psychiatry, and allied disciplines, 1976, 17 （2）: 89 – 100.

第 ⑨ 章　联通主义下的学习

9.1 ▶ 联通主义的概念和产生背景

9.1.1　联通主义的概念

2005 年乔治·西蒙斯（George Siemens）在《联通主义：数字时代的学习理论》（*Connectivism：A Learning Theory for the Digital Age*）一文中首次系统阐述了联通主义这一概念①。同年，西蒙斯发表的《联通主义：学习即网络创建》（*Connectivism：Learning as Network Creation*）和斯蒂芬·唐斯（Stephen Downes）的《连接知识导论》（*An Introduction to Connective Knowledge*）在当时受到了极大的关注，使人们开始关注联通主义作为数字时代学习理论的科学性。西蒙斯还开设了专门的网站供同行深入交流。联通主义，其英文单词是 connectivism，也有人将其翻译为"联结主义""关联主义"。联通主义是在数字时代背景下产生的学习理论，指一种适应当前社会结构变化的学习模式。当新的学习工具被使用时，人们的学习方式与学习目的也发生了变化，该理论强调学习不再是内化的个人活动。

西蒙斯指出，学习不再是一个人的活动，学习是连接专门节点和信息源的过程，他认为联通主义的起点是个人，个人的知识组成了一个网络（network），这种网络被编入各种组织与机构，反过来各种组织与机构的知识又被回馈给个人网络，促进个人的继续学习。这种个人—网络—组织的知识发展循环让学习者能够通过已经形成的联系（connections）来保持本领域的知识更新迭代，而这种知识发展循环（个人—网

---

① SIEMENS G. Connectivism：a learning theory for the digital age [J]. International journal of instructional technology and distance learning, 2005, 2（1）：3 – 10.

络—组织）使得学习者通过他们所建立的连接在各自的领域保持进步。

在西蒙斯看来，获取知识的通道比掌握当前的知识更重要。网络、情景和其他实体（许多是外部的）的相互影响催生了一种学习的新概念和方法。个体的持续学习能力比对知识的掌握能力更重要。对所有学习理论的真正挑战是在应用知识的同时还能丰富已知的知识。不过，当知识为人所需，而又不为人知时，寻找出处而满足需要就成了十分关键的技能。由于知识不断增长进化，获得所需知识的途径比学习者当前掌握的知识更重要，知识发展越快，个体就越不可能占有所有的知识。

所以正如西蒙斯指出的，联通主义是一种经由混沌、网络、复杂性与自我组织等理论探索的原理的整体。学习是一个过程，这个过程发生在模糊不清的环境中，学习（被定义为动态的知识）可存在于我们自身之外（在一种组织或数据库的范围内）。我们可将学习集中在专业知识系列的连接方面。这种连接能够使我们学到比现有的知识体系更多、更重要的东西。其实，联通主义表达了一种"关系中学（learning by relationships）"和"分布式认知（distributed cognition）"的观念。贝尔（Philip Bell）和温（William Winn）认为新的、高度交互的、高度网络化的媒介，比如分布式认知，推动人们对有意义的交互和一种反应灵敏的远程协作框架进行探讨。这是支持分布式或者集体智力更为一般的系统设计的具体形式。当人们听到虚拟社区、协作网络课程、分布式多媒体、虚拟协作、浸润式环境和泛在计算的时候，他们需要一种像分布式认知这样的整合性理论观点，用于构建他们对于这些新技术的理解。

从整个学习理论发展的过程来看，早期的联结主义是基于行为主义的，在他们看来，学习发生在我们的刺激和反应的联结之中，而新联结主义（神经和认知科学）关注的是神经网络，将我们的学习方式类比为一种基于神经元联结的信息加工过程。联通主义继承了认知科学的新联结主义的某些特性——把学习看作一个网络形成过程。新联结主义仅仅关注学习是如何在我们的头脑中发生的，而联通主义关注形成的过程和创建有意义的网络，其中可能包括技术中介的学习，承认当我们与别人对话的过程中学习的发生。联通主义强烈地关注外部知识源的联结，而不仅是设法解释知识是如何在我们的头脑中形成的。

也就是说，教学研究者除了关注学习者内在的学习，还关注学习者外在的联系。学习不再只是一个人内部的、独立的活动，而是一个缔结社会知识网络的过程。知识是泛中心的，互相联通才能体现出完整的内涵。

9.1.2　联通主义产生的背景

众所周知，人们在从事教学活动的过程中，学习环境的变化一直在影响学习和教学的思路。20 世纪 90 年代中后期，计算机技术和网络技术的迅速发展为人们提供了全新的学习工具，开辟了全新的学习环境，人们的学习方式和对学习的认识也必然随之改变（陆翔，2014）。特别是随着科学技术，尤其是计算机网络的应用与发展，人类的学习方式与途径已经发生了很大的变化。在这个知识信息爆炸的年代，人们可以利用网络了解任何想要学习的知识领域，知识的获取不再局限于课堂和书本，知识不是孤立存在的，知识的传播变得更加快捷和具现化。

每个人只能拥有部分知识，但学习不再只是一个人内部的、独立的活动，而是一个缔结社会知识网络的过程。技术的支持使得交流变得更为方便，人与人之间、知识与知识之间的联系更为紧密，知识是泛中心的，互相联通才能体现出完整的内涵。由此，西蒙斯的联通主义应运而生。

9.2　联通主义学习观

9.2.1　西蒙斯及其他研究者的观点

西蒙斯（2005）认为学习是一个不断编制知识网络的过程，节点则是支撑网络架构的实体，而知识是一种组织，不是一种结构。在当今的学习环境中，知识的组织主要在动态的网络中进行。

根据西蒙斯（2005）的总结，联通主义有以下八个基本原理：

（1）学习和知识存在于各种不同的见解之中；

（2）学习是连接知识节点（nodes）和信息源（information sources）的过程；

（3）学习可以存在于非人类的设备（non-human appliances）上；

（4）相比于当前拥有的知识库，保持学习的能力更为重要；

（5）为了促进持续学习，我们需要培养和维护连接（connections）；

（6）发现不同领域、思想与概念之间的联系是一项核心技能；

（7）所有关联主义者开展学习活动的最终目的就是要使知识产生流通，保持知识的与时俱进（准确、最新）；

（8）决策本身就是学习的过程。选择学习内容（what to learn）以及如何理解新的信息（the meaning of incoming information），都是对变化的客观世界作出调整的过程。即使现在是正确的答案，将来也可能成为错误的，因为信息的更新迭代会影响决策。

上述的八条原则反映了联通主义学习理论初创阶段最基本的思想：前三条和最后一条强调学习和知识的网络分布性、学习的联通性、多样性和过程性特征；第四、五、六条概括了开放联通的网络时代学习者应具备的能力；第七条指出了联通主义学习的目的是让知识流通（王志军、陈丽，2014）。随着联通主义引起的关注越来越多，研究者在传播和解读西蒙斯的八条原则的同时也在找寻其不足之处，并不断地加以完善和充实。

斯蒂芬·唐斯虽然和西蒙斯同为联通主义学习理论的创始人，但是两者的立场和观点并非完全一致。西蒙斯从社会建构主义学习理论出发，观点相对保守并且按照传统学习理论的范式进行思考和表征。而唐斯的观点起源于联通主义的知识哲学，扎根于人工智能的联结主义理论，对联通主义的论述主要源自人工智能和神经网络。唐斯不像西蒙斯一样关注元认知及其建立，他认为应该开放自己的观点，与他人交流自己的观点。总体而言，西蒙斯的观点更学术化，更有理论指导意义，唐斯的观点更加哲学化，因此学术界关注更多的还是西蒙斯的联通主义观点。

著名的远程教育技术专家安德森·特里（Terry Anderson）与乔恩·德龙（Jon Dron）（2011）认为联通主义是继认知行为主义、社会建构主义之后的第三代远程教育教学法，并更进一步运用自己的探究社区理论模型（CoI）分析了三代远程教育教学法中对应的认知性存在、社会性存在和教学性存在。安德森进一步解读和阐释了西蒙斯提出的八条原则，探究理论对教学实践的指导意义，并为更好地指导教学实践而将这八条原则具体化。除此之外，他们还认为联通主义的学习理论并不适合所有人。适合联通主义学习理论的学习者要符合两条前提：一是学习者都受过教育，有信心和有能力利用网络展开学习；二是学习者有参与联通学习的能力，能对信息是否正确、是否对自己有用作出判断。

国内研究者王志军和陈丽对联通主义学习理论进行了深入研究，总结了联通主义学习理论的知识观和学习观。联通主义知识观认为知识存在于连接中，是一种联通化知识；联通主义学习观认为，学习是连接的建立和网络的形成。另外他们还分析了联通主义学习理论的哲学取向，即联通主义学习理论的核心围绕连接而展开，因为世界本质是"整体的、分布的、是对要素如何被感知者连接的反映"，所以对世界的认识即知识存在于连接建立的过程中，对应的方法则是从多个方面评价连接（王志军、陈丽，2014）。

目前研究者从认知参与度的角度对联通主义学习教学交互进行研究，提出了联通主义学习教学交互与参与模型（connectivist interaction and engagement framework，CIEF），其中将联通主义学习教学交互划分为四层，并进一步提出四层交互之间存在着相互支撑、相互扩展的关系（Wang，Anderson & Chen，2017）。黄洛颖（2020）等进行了实证研究，采用滞后序列分析法，从教学交互发生的时间序列的视角分析教学交互之间的显著序列，认为寻径交互、意会交互和创生交互之间存在着相互支撑和扩展的关系，并且两类关系呈现出不同的特征，从实证的角度实现了对 CIE 框架的有效验证和深化，进一步丰富和扩展了联通主义相关理论的研究。

9.2.2　解读联通主义学习观

联通主义建立在这样一种理解上：知识基础的迅速改变导致决策的改变、新的信息持续被获得、区分重要信息与非重要信息的能力至关重要。联通主义的起点是个人，个人的知识组成了一个网络，这种网络被编入各种组织与机构，反过来各组织与机构的知识又回馈给个人网络，提供给个人继续学习。因此，联通主义针对学习的观点有：

1. 连接通道比学习内容更重要

在互联网信息爆炸的时代，知识数量的增长日新月异，信息正呈现爆炸式传播的现状，人类个体之间有限的学习能力与学习时间之间存在着不可调和的矛盾。因此，想要尽可能多地掌握相关知识的学习者，就必然要学会在复杂的学习环境中从多元视角进行知识的学习，体现在具体的学习过程中，实际上是不断提高对学习者多样化学习能力的要求。学习者所掌握的知识大多数是过去已知确定的事实，只有通过多样化的学习能力对接不同节点的知识来掌握不同情境下的学习内容，才能突破学习者的已知知识对现今或将来的环境或者需求的局限性，更好地满足自身适应环境或者解决问题的需要。因此，西蒙斯认为在当前的学习环境下，学习者掌握连接通道的能力比学到更多的知识更加重要。

2. 学习的过程也是创造的过程

从学习者的学习内容来看，来源大致可以分为两类：一是来自学习者对自身以外的客观存在的理解或认知，二是自身了解或掌握了对另一个体客观存在的认知。面对这两种来源不同的学习内容，学习者的创造性在学习的过程中实际体现为对自身之外的客观存在和对人类整体拥有的全新了解和认知；局部更替或完善人类对整体的认知。因此学习者应该在学习的过程中建立自信，一方面要尊敬与重视专家或者权威的已知理论，脚踏实地、虚心学习；另一方面也不能盲从和迷信专家或者权威的已知理论，却忽视了知识习得的过程中自身的创造性。

3. 学习的过程是复杂的

联通主义认为，通过"否定—肯定—再否定—再肯定"一系列过程，学习者才是真正地习得了真正的知识。此过程涉及相当多的内容，实际上该过程中的内容在整体学习网络中构成了一个系统而复杂的体系。同时，学习网络属于多层次结构，网络结构的节点呈现非线性的联结状态，这也决定了当整体学习体系中的一个节点或者相邻节点间的连接发生变化时，整个学习网络就会发生变化，而这一变化绝对不是简单、轻巧的。

4. 学习需要在无序状态中构建新秩序

学习者自身所处的环境和学习需求是动态变化的，此外，因为学习者自身的能力和经验有限，他们在选择知识内容时往往无法突破自身的局限性，这就使得学习者的学习过程在一定程度上表现出无序性。而当前互联网时代知识增长的速度大大增加，信息的传播呈现出爆炸式的特点，这就使得传统的由始至终的线性学习方式不再适合当前的学习环境，学习者只能从中精选出对适应当下环境或者解决面临的问题更有帮助的知识加以学习，这就使得整个学习过程表现为无序的、混沌的状态，而有效的学习就是在这样的状态中寻求通过具有语义关系的知识节点的连接，从而构建新秩序。

9.3 联通主义学习观的价值与发展

传统的学习理论主要有行为主义、认知主义和建构主义。行为主义过分看重通过实验得出行为反应之间的联系，将人的学习与动物的行为训练画上了等号，对学习的理解过于简单机械，且忽略了人的学习在很大程度上还包括积累经验和传承文化。认知主义则从人脑的技能来研究学习，过于强调认知处理尤其是记忆在学习中的作用，但事实上，学习远非只是对信息的记录和存储。建构主义认为学习是对知识的一种整体的建构过程，但其对学习的理解只停留在建构过程，并没有体现出知识的加工。究其原因，上述学习理论都产生于互联网出现和普遍应用之前，在当今信息爆炸时代，人们的学习已不仅仅停留在行为强化、识记知识或建构意义的阶段，人们对知识以及学习知识的方法都提出了更高的需求。

正如一些研究者所批判的那样，以往的学习理论在研究学习过程时只关注学习者头脑内部的学习，强调学习者的中心性，都将知识视为一种可以通过推理或体验来获得的客观存在物（或一种客观状态），而没有将外在的学习技术纳入其中，也没有考虑学习者自身与外部组织之间的关系（张秀梅，2012）。联通主义作为数字时代的学习理论，是指导学习者适应未来时代发展的理论基础。当前在线课程的设计研究重点逐渐向增强交互、促进创新的方向转移，探究以 cMOOC 为代表的联通主义具体实践的课程设计与开发模式，能够为在线课程的设计与开发提供新的理论支持，这也符合远程教育的未来发展趋势。

联通主义学习观引起了国内外研究者的关注，以美国德雷赛尔大学陈超美教授研发的可视化科学知识图谱 CiteSpace 软件作为研究工具，对来自中国知网的全文数据库中有关联通主义的核心期刊文章进行分析，有效数据为 161 篇。据中国知网的可视化分析和 CiteSpace 软件 Time Zone 的图像显示，2005 年联通主义被提出之后，国内研究者对该领域的关注日益增多，研究文章数量迅速增加，迎来一波研究热潮，研究内容多为理论介绍和述评。之后的研究逐渐转化为与实践相结合，国内逐渐将该理论运用在教学设计之中，比如教学交互理论模型建构的研究。2014 年之后，慕课的兴起，让国内联通主义的研究兴起了新的浪潮，研究内容多为从联通主义视角出发研究开放课程与平台的设计与实现。从目前来看，与联通主义有关的研究主题有学习理论、在线教育、教学交互、在线学习、慕课、互联网＋等。

目前国内研究者对联通主义学习观相关基础规律的认识和研究还不够充分和深入，整体上处于内涵阐释以及规律演绎等理论研究层面，实证类研究比较少。不论是国内还是国外，对联通主义的研究热情都有增无减。联通主义学习观被不断地发展与优化。联通主义是一个适合数字时代的、复杂的学习理论。该理论与传统理论有着全然不同的产生背景，因此更加适合时代的发展。但是联通主义学习理论有其局限之处，不少问题尚待研究。例如：联通主义学习中的交互如何实现？如何将认知网络可视化？如何有效地构造节点之间的网络？节点间的网络连接程度如何测量、巩固？虽然联通主义指导下的实践研究越来越多，但多数是网络教学平台、App、慕课等的设计与构建，能否有该理论指导下的其他实践方式？这仍需要研究者们继续发展和完善联通主义学习理论的内容，探寻该理论的实质和内涵，在多种情境中开展多样化的实践，探索该理论与实践结合的新道路，推动理论纵向与横向的发展。

9.4 联通主义学习观的实践

9.4.1 案例一：青铜峡市某小学英语教学实践

作为数字化的学习空间，网络学习空间为教与学的变革与师生个性化的服务提供了很大的支持，是提升教育教学的核心与关键。联通主义学习理论给网络学习空间的设计与构造提供了不可或缺的支持。该案例通过分析青铜峡市某小学的课例，展示了联通主义学习理论在现实教学实践中的应用①。

---

① 曹娟. 联通主义视域下网络学习空间在教学中的应用研究——以青铜峡市某小学为例 [J]. 中国教育技术装备，2020（18）：1-4.

　　该研究选取了宁夏青铜峡市某小学网络学习空间上，小学阶段不同学科的三节网络学习空间课堂教学视频作为实例，通过分析以联通主义为基础理论而设计的三个不同的课堂案例，探究三个案例使用学习空间的共通之处和实践效果，从而更好地改进联通主义理论指导实践的方法。

　　青铜峡作为县级市，虽然属于欠发达地区，但是某小学深入开展"三通两平台"的应用研究，为了全面提升师生信息技术应用能力，学校师生人人通空间开通率为100%。下面对该小学应用网络学习空间人人通的三个典型案例进行分析，三个案例分别为语文课程"滴水穿石的启示"（主要介绍其中的故事及对成语的认识）、数学课程"小数点的变化"以及英语课程"I Can Play Football Well"（曹娟，2020）。

　　如图9－1所示，曹娟（2020）从这三个案例当中总结出三个教师共同存在的教学优势，他们在课前、课中、课后都充分利用网络学习空间以达到良好的教学效果。

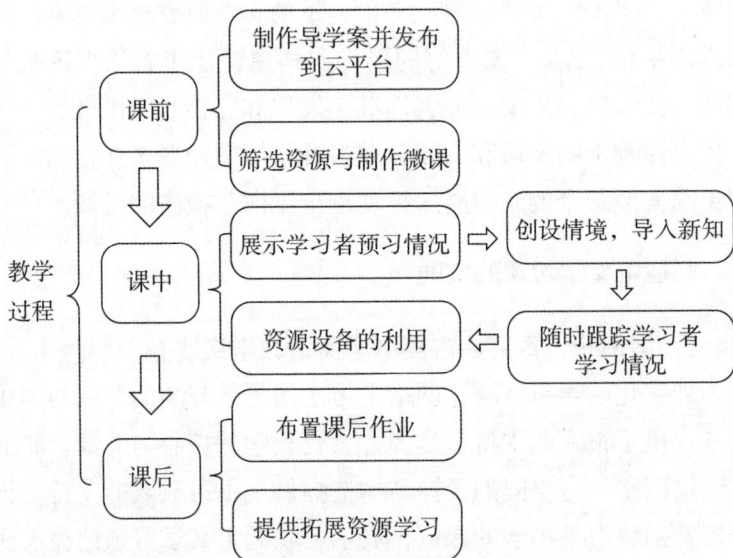

图9－1　联通主义理论指导下的教学过程

1．课前

（1）制作导学案并发布到云平台。教师在课前需要对教学目标、教学内容、教学对象进行分析，以便开展针对性教学，顺利完成教学任务；在设计和制作课前导学案时，需要以学习者为中心，突出重难点，鼓励学习者自主探究，积极完成学习活动，帮助学习者理解本节课的主要内容。学习者要根据要求完成课前任务，家长需要将学习者的预习情况拍成视频并上传至云平台。

（2）筛选资源与制作微课。教师对教学内容进行分析之后，设计包括教学活动、目标、评价等在内的教学方案。在云平台或者网络检索适合课程的资源，下载并运用到教学环节，提高教学内容的趣味性。教师还可以自己录制微课，如将新旧知识的衔接内容做成微课，放入预习环节；也可以将教学重难点内容做成微课上传至网络学习空间，提供给学习者多次巩固复习。学习者可以随时浏览观看教学资源及微课，以便更好地达到课程目标。

2．课中

（1）展示学习者预习情况。教师登录学习空间，查看家长上传的视频，检测学习者的预习情况。教师能够直观地看到学习者作业的正确率、易错题的分布等，根据学习者在预习中出现的问题及时调整教学内容，针对学习者存在的共性问题划分重难点，开展有针对性的教学活动。

（2）创设情境，导入新知。在课程内容正式开始前，教师通过播放视频、动画或者与学习者进行对话创设情境。在案例中可以看到：在语文课堂中，教师通过播放动画《滴水穿石》引出课程内容"滴水穿石的启示"；数学教师播放与《西游记》有关的小视频引出小数点的变化的情况。

（3）随时跟踪学习者学习情况。教师在过程中设计各种活动，如自主探究任务、小组合作探究任务等，通过智慧教室设备、大屏幕等观察学习者活动中的学习情况，帮助学习者解决学习过程中出现的问题。

（4）资源设备的利用。教师可以利用智慧教室中的教学助手与学习者进行互动，利用课间开展互动小测试，使学习者与教师之间能够有效交流。学习者也能够简单了解智慧教室白板，对智慧教室设备充满兴趣，利于其学习的开展。

3. 课后

（1）布置课后作业。教师根据每节课的教学内容、教学目标等布置课后任务，课后作业要与课程的知识点结合，让学习者通过课后作业加深对知识点的理解，应用所学知识解决问题，进一步掌握与知识相关联的技能。学习者根据所学内容完成课后作业并及时上传至云平台，教师可以及时查看学习者的作业情况。

（2）提供拓展资源学习。在学习者深刻理解本节课的内容之后，教师在空间中发布拓展任务，帮助学习者学习与知识点相关的课外知识。这样学习者不仅能巩固课程内容，更能学习额外的知识，从而培养学习能力。联通主义的原则之一就是保持学习的能力，坚持这一点更为重要。

该案例以宁夏青铜峡市某小学网络学习空间课堂教学作为实例，呈现联通主义学习理论的实践效果，希望能够帮助国内研究者和实践者开展更加系统和深入的研究与实践。

9.4.2 案例二：联通主义视角下的生成课程开发技术

该案例把参与课程实践者的经验汇聚到课程中，并以联通主义为视角，对生成课程开发技术进行研究。研究者关注教育实践中的设计与反思性环节，旨在谋求创生课程开发知识及其技术工具，通过积累这些知识、工具，可以为当下行业领域的师资所用，最终形成联通主义学习环境下实践与理论的新生态[①]。针对联通主义学习观指导下的课程开发，该案例从四个层面展开论述：

1. 核心参与者与生成网络

在生成课程开发中，核心参与者发挥着重要的作用。教师和学习者的社会网络关系的生成是这类课程开发的亮点，它完全符合网络时代的联通主义精神（何伏刚，2019）。教师根据参与的频率与时间找出核心参与者，根据每轮课程的不同需要，通过 Moodle 平台统计数据，在专

---

① 何伏刚. 联通主义视角下生成课程开发技术研究 [J]. 现代教育技术, 2019 (10)：87-93.

门设计的单个活动中考察学习者参与积极程度，如作业、聊天室、讨论区等；另外再参考学习者对资源的整体学习与访问情况和对课程生成的贡献，找出核心参与者；当生成课程的资源丰富后，再讨论课程开发内容与组织顺序。学习者之间以及学习者与课程组织者构建的网络成为这类面向前沿性知识的课程的额外收获。

　　研究选择了第三轮生成课程开发时的一次"经验反思"活动。活动借助讨论区进行，并利用 Mod_sna 进行社会网络分析，利用直观的点线图（见图 9 - 2）表达了所有社区成员间的关系网络，节点间的连线反映了成员间的互动及其形成的各种社会关系。继而引入点入度、点出度和特征向量中心度三个指标进行量化分析。特征向量中心度代表学习者与他人交互的频繁程度，点入度即收到贴数，点出度即回复帖数。

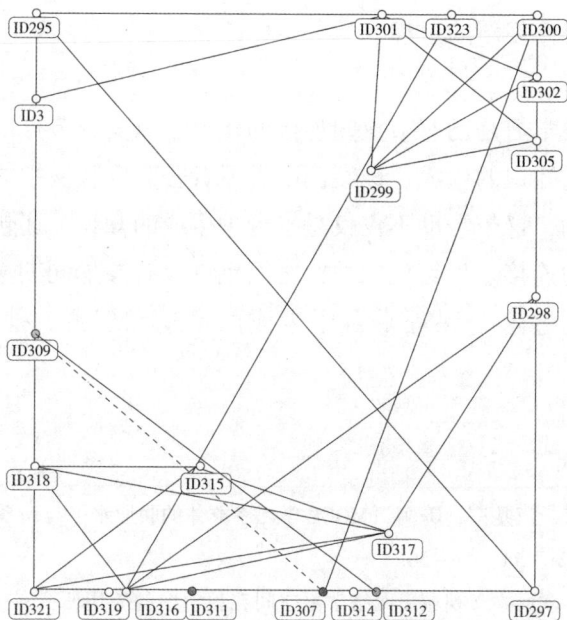

图 9 - 2　社区成员的关系网络图

　　该研究把核心参与者和网络的生成作为网络环境下生成课程的重要构成，这是对传统课程概念的突破。因此，网络环境下的课程结构除了包含传统课程的要素，还增加了包含"联结"在内的诸多要素。生成课程的结构是超链接的，是网状的、动态的、非层级的、能以任意方式组织起来的课程。

2．活动生成

活动的生成主要通过反思活动实现，它依托于联通主义学习，按照建立联通、经验反思、信息汇聚、协作创新这四个步骤进行。该案例从学习活动各要素的关系视角，系统总结了课程研究实例中活动的生成。与阶段性课程目标构成直接因果关系的是学习活动中的任务、组织形式、方式方法、过程、规则等要素。

3．理论支撑

该案例中生成课程的开发以联通主义理论为支撑，活动的设计主要包括促进社会联通、经验反思、信息汇聚、协作创新这四类活动。课程实施的关键步骤可以提炼为从建立社会联通开始，到经验反思、信息汇聚，最后到协作创新的过程。

4．意义作用

联通主义学习是已有节点间连接的建立，以及新节点的创造，在这一过程中促进知识的生成。该案例中学习者普遍反映网络的生成对他们有很大的帮助，这个帮助不仅仅是平台中生成的知识，还包括与生成知识的人建立的连接。尽管他们彼此之间也许没有参加同期学习，也互相不认识，但通过这个课程平台中生成的活动和资源，他们已经彼此熟知。

▊ 参考文献 ▊

[1] 白蕴琦，汪凡淙，陈丽．cMOOC 学习者群体的联通水平与关系研究 [J]．中国远程教育，2021（5）：42－50.

[2] 曹娟．联通主义视域下网络学习空间在教学中的应用研究——以青铜峡市某小学为例 [J]．中国教育技术装备，2020（18）：1－4.

[3] 何伏刚．联通主义视角下生成课程开发技术研究 [J]．现代教育技术，2019（10）：87－93.

[4] 胡威，周雪薇．基于联通主义学习理论的移动协作学习 APP 的设计与实现 [J]．微型电脑应用，2021，37（4）：42－44.

[5] 胡艺龄，顾小清．从联通主义到 MOOCs：联结知识，共享资源——访国际知

名教育学者斯蒂芬·唐斯［J］．开放教育研究，2013（6）：4－10．

［6］黄洛颖，陈丽，田浩，等．联通主义学习教学交互的关系及其特征研究［J］．中国远程教育，2020（9）：53－61，77．

［7］陆翔．关联主义学习理论述评［J］．科教导刊（上旬刊），2014（5）：46－83．

［8］刘菊，王运武．关联主义知识观要义阐释——网络时代知识变革的视角［J］．电化教育研究，2014，35（2）：19－26．

［9］刘璐．基于联通主义学习理论的在线开放课程设计与开发模式研究［D］．无锡：江南大学，2020．

［10］刘志慧．联通主义视域下 MOOC 学习支持服务优化模型的研究及应用［D］．吉林：北华大学，2020．

［11］秦婷，郑勤华．联通主义学习社区个体知识贡献影响因素研究［J］．现代远距离教育，2020（5）：52－61．

［12］王志军，陈丽．联通主义学习理论及其最新进展［J］．开放教育研究，2014，20（5）：11－28．

［13］张秀梅．关联主义理论述评［J］．开放教育研究，2012，18（3）：44－49．

［14］左菲菲，严丹．网络环境下的关联主义学习理论和信息素养教育［J］．现代情报，2013，33（5）：6－8．

［15］ANDERSON T, DRON J, SIEMENS G, et al. Three generations of distance education pedagogy［J］. International review of research in open and distributed learning, 2011, 12（3）：80－97.

［16］DOWNES S. An introduction to connective knowledge［DB/OL］.［2019－04－10］. http：//www. downes. ca/cgi－bin/page. cgi? post＝33034.

［17］SIEMENS G. Connectivism：a learning theory for the digital age［J］. International journal of instructional technology and distance learning, 2005, 2（1）：3－10.

［18］SIEMENS G. Connectivism：learning as network creation.［EB/OL］.［2019－04－10］. http：///www. elearn space. org /Articles/networks. httm.

［19］WANG Z, ANDERSON T, CHEN L, et al. Interaction pattern analysis in cMOOCs based on the connectivist interaction and engagement framework［J］. British journal of educational technology, 2017, 48（2）：683－699.

第 ⑩ 章　基于设计的研究

10.1 基于设计的研究的产生背景

在教育技术不断发展的今天，教育实践中应用的方法渐渐得到更多关注。因为教育实践中明显缺乏有效的教育研究方法，传统的实验、调查相关分析等研究方法更侧重于描述问题，难以为教育问题提供有效的解决方案（Plomp，2013），所以我们亟须找到一种全新的研究方法去直接解决实践中的问题，促进实用性知识的发展。因此，研究者们也开始针对这一问题进行探讨和摸索。

自20世纪80年代以来，包括实验心理学家、教育心理学家及数学与科学教育家在内的一批学者打破传统的实验室研究模式，自觉置身于课堂这一自然场景下，从注重基于真实课堂情境的教学实验转向注重以面向教学的科学设计为核心焦点的设计研究（也就是本章所阐述的"基于设计的研究"），其更强调将各种新技术引入真实课堂，并通过一定的设计手段考察各种教学要素在学习过程中发挥的作用，探索真实课堂情境设计的科学路径（郑旭东、王美倩，2017）。

20世纪80年代末90年代初，学习科学成为一门专门的研究领域，成立了专门的学会，刊发了专门的杂志（郭莉，2020）。1991年第一届学习科学国际会议的成功举行以及《学习科学杂志》（*Journal of the Learning Sciences*）的创刊，成了学习科学学术共同体建立的标志。学习科学研究者认为人们不仅要知道学习是怎么发生的，还要知道如何设计、实施学习和教学。因此，基于设计的研究作为学习科学的一个特色研究方法得到了迅猛发展。到了1999年，一个由不同研究领域的专家组成的名为"基于设计的研究共同体"组织创立。该组织竭力尝试在不同研究领域里应用基于设计的研究方法，将设计实验最大限度地应用到不同领域，进行实验和探索。

　　而 1991 年至 2017 年间，《学习科学杂志》也开始行动，成立了学习、学习者、知识、教师、工具、讨论和基于设计的研究七个主题团。在此期间，基于设计的学习已经作为一个重要的主题团被呈现，这表明在学习科学的研究中，采用基于设计的研究方法的研究和探讨基于设计的研究居多（Sawyer，2006）。而 1991 年至 2000 年这一时期对工具的研究主要是通过基于设计的研究，探讨如何设计有效的工具促进学习者在学习过程中实现概念转变（张婧婧等，2018）。

　　到了 21 世纪，2001 年至 2009 年学习科学增加了技术这一主题团，试图在科技发展的大背景下，利用基于设计的学习这一方法和技术的融合创新对学习环境进行有效利用和改进，从而大幅提升学习效果。这个主题团中基于设计的研究的词频数与上一时期相比显著增多（张婧婧等，2018）。然而，自 1992 年布朗（Ann Brown）和柯林斯（Allan Collins）提出设计实验（即基于设计的研究）这一概念以来，直到 2001 年才出现首篇以 "design experiments" 为题的 SSCI 期刊论文（单迎杰、傅钢善，2017）。

　　综合文献数据可得，基于设计的研究源于学习科学家对教育与心理研究领域内杜威和桑代克两种不同研究传统的改造与整合（郑旭东、王美倩，2017）。而基于设计的研究思想源于早期关于思维形成与认知发展的临床研究，其中最有影响的是皮亚杰的发生认识论、维果茨基的历史发生学及杜威的实用主义等（郑旭东、王美倩，2017）。当然，布朗和柯林斯作为概念首倡者对基于设计的研究的影响更加不言而喻。在知网检索时，文献被引用较多的作者主要是早期基于设计的研究的首倡者布朗和柯林斯、基于设计的研究联盟（design-based research collective，DBRC）及其成员、巴拉布（Sasha Barab）和科布（Paul Cobb）等致力于学习科学研究的学习科学家（单迎杰、傅钢善，2017）。而 2005 年焦建利在首届全国教育技术博士论坛上发表的基于设计的研究的有关研究，引发了论坛关于基于设计的研究是否能够作为教育技术研究新方法的讨论。焦建利主要对国外学习科学研究的新进展与新成就进行研究（郝建江，2017）。2007 年，祝智庭邀请国内外专家，共同组织了教育设计研究国际高级研修班，使得学习科学中的基于设计的研究这一研究领域得到了更多专家的关注。杨南昌等则对学习科学的研究方法进行了综述分析；李海峰等通过对《学习科学杂志》2001—2011 年这十年间的刊文进行分析，阐述了学习科学研究的热点与进展；陈家刚等利用专访得到的信息，分析了索耶（Keith Sawyer）所传达的 2006—2015 年学习科学的研究进展、反思与实践革新等。总而言之，在国内外的关注和研究下，基于设计的研究这一隶属于学习科学领域的研究方法正在蓬勃发展。

10.2　基于设计的研究理论的基本内容

10.2.1　方法与范式的争论

通过检索中国知网数据库得知，目前国内针对 design-based research 这一名词的翻译主要有基于设计的研究、设计研究和教育设计研究三种术语，而近年来基于设计的研究的出现频率最高，使用率也最高。并且，单迎杰和傅钢善（2017）指出，出于术语指代准确性的考虑，建议使用基于设计的研究（design-based research，DBR）。由此可知，无论从使用频率还是准确性来看，基于设计的研究都是更好的术语表达。因而，本节也采用基于设计的研究这一术语进行相关阐述。

关于基于设计的研究的具体定义，研究者们众说纷纭。该定义的国外首倡者是布朗和柯林斯。布朗（1992）是从学习环境设计的角度给出界定的，他认为学习环境的实验设计旨在将课堂从学习工厂转变为能够引起学生、教师和研究人员之间的反思性实践学习环境。而柯林斯（1992）只是较为模糊地指出，用案例描述基于设计的研究就是最好的描述方法。国内学者杨南昌（2009）认为它是一种探究学习的方法论，旨在设计一些人工制品作为一种教学干预或革新应用于实践，以潜在影响自然情境中的学与教并对其作出阐释，它通过设计、实施、评价、再设计的迭代循环过程产生基于证据的理论，并以此促进持续的教育革新。而王文静（2008）认为基于设计的研究的定义可以归纳成"方法说""方法论说""范式说"三种。其中，张文兰和刘俊生（2007）认为，基于设计的研究是在统一思想的指导下进行的多元整合，属于一种研究范式。然而，基于设计的研究到底是一种手段、方法，还是方法论，这个问题引起了众多专家的讨论。李卓和鲍建生（2020）亦指出，国外有研究者认为基于设计的研究是一种方法，也指出基于设计的研究是一种方法论；国内一些研究者认为基于设计的研究是一种方法论，同时也指出基于设计的研究是一种研究范式；还有些研究者没有明确指出基于设计的研究是研究方法、研究方法论还是研究范式。在基于设计的研究的定义这一问题上众说纷纭，至今没有一个学术界公认的精准定义。

关于基于设计的研究的定义，国内外讨论激烈，研究者们各抒己见。单迎杰和傅钢善（2017）认为，源自学习科学的基于设计的研究，作为一种新兴的方法论，位于帕斯德象限（Pasteur's Quadrant）的右上方，兼顾理论与应用研究，在自然情境中搭建优化实践与发展理论的通路，为解决教育理论与实践相脱离这一"顽疾"提供了可行方法。梁文鑫等（2006）指出，国内有研究者将其定义为旨在通过形成性研究过程，采用"逐步改进"的方法，将最初的设计付诸实施，检测效果，然后根据实践反馈不断改进设计，直至排除所有缺陷，形成更为可靠且有效的设计的研究。

由于学习科学倡导走出实验室，将学习情境化，其学习方式、教学手段或方法是在真实的场景中通过不断迭代来改进的，需要时间与精力的投入，而非通过实验评估就可推广使用（张婧婧等，2018）。而且，"学习科学研究的目标是更深刻地理解有效学习发生的认知过程和社会过程，并运用这方面的知识去重新设计课堂和其他学习环境，使人们更深入、更有效地进行学习"（K. Sawyer，2006）。因而基于设计的研究遵循的是实用主义的范式。与实证主义和建构主义不同，它的目的不是在不断的争论中发现真理、揭露现实或建构知识，而是帮助人类去解决问题（Powell，2001）。基于设计的研究可以应用在实践中，人们可以不断地优化设计，对症下药，突破难点，最终达到解决问题的目的。

10.2.2　理论的内容

基于设计的研究的出发点是研究者在自然状态下对学习者思维过程的深入探究，因为学习者在真实、自然的学习情境中能自然地展现其学习过程并且基于设计的研究不仅仅是"理论—实验—发现"。设计活动先创造出可实践的学习环境，试图从设计的环境中发现真实、可用的新理论，而"迭代"是连接实践和理论的桥梁。研究者通过迭代式的设计，反复应用为学习环境所设计的技术工具、课程内容等教学要素，不断地检验基于设计的研究中发现的理论是否具备科学性和真实性（李曼丽等，2018）。其中，对教育干预的设计是基于设计的研究的关键问题，是改进研究问题的核心工具（单迎杰，傅钢善，2017）。因此，如何在过程中优化设计也成为基于设计的研究的一大重点和难点。

研究者们通常认为，基于设计的研究并非一步到位的单一过程，而是一个循环过程。Kwon（2015）认为基于设计的研究包含三个阶段：设计、实施和反思。而 Plomp 和 Nieveen（2013）指出基于设计的研究包含初步研究阶段、开发或原型阶段和评价阶段。初步研究阶段的任务为需求和背景分析、文献整合、提出概念或理论框架。开发或原型阶段即迭代设计阶段，由多次迭代组成，每一次迭代都是一个研究微循环，在此期间，进行形成性评价可以改进和完善干预研究。在评价阶段实施的是用来确定解决方案或干预是否符合预定标准的总结性评价，但是此步骤往往会形成后续的改进干预建议，因此也被称为半总结阶段。

由此，基于设计的研究的特征也逐渐显现，但不同的研究者对此的看法也有较大差异：李卓和鲍建生（2020）认为，基于设计的研究具有干预、迭代、过程取向、实用取向、理论取向和实践者参与这六个特点。研究目的是在真实情境中设计干预；研究过程是设计、评价、修正之间的多重循环；重点是了解和改进干预的过程（避免黑箱式模型即只考虑输入—输出的测量）；以真实情境中用户的体验衡量设计的价值；设计必须（至少部分）基于概念框架和理论观点；在研究的不同阶段和活动中，需要实践者的积极参与和合作，这样就增加了教育情境中干预的针对性和实用性，从而提高实施成功的可能性。

王辞晓（2019）从三方面阐述了基于设计的研究的特点：首先，基于设计的研究最重要的是在设计的过程中收集数据，反复思考过程性数据，不断改进设计，逐渐明确研究问题。这体现了基于设计的研究会不断改进设计理念，即研究者在研究中需要关注人工制品是否以及如何促进或阻碍了学生的推理与表达（Abrahamson，2009）；其次，基于设计的研究是一个循环的过程（王辞晓，2019）；最后，基于设计的研究在某种程度上是与材料进行对话的设计，即借助材料进行思考，这涉及分布式认知（王辞晓，2019）。

王志军等（2018）从六方面进行了总结，认为基于设计的研究具有实用性，干预性，扎根性，互动、迭代和灵活，整合性和情境性的特点。王志军等（2018）还指出，基于设计的研究在实施时有五个关键点：一是立足真实的教育教学情境，在实践中寻找研究问题；二是找准理论基础，并遵循理论的一致性原则；三是注重研究过程，灵活设计高水平干预；四是坚持多维数据收集，混合研究提升可信度；五是提炼干预设计原则，提升研究品质与价值。

10.3　基于设计的研究的理论价值和发展

10.3.1　理论价值

基于设计的研究对学习科学的发展起到很重要的推动作用，研究者认为其理论价值表现为以下三方面：

首先，基于设计的研究在学习科学的认知科学研究领域有着独一无二的作用和地位。学习科学在学习研究方法论这一领域的突破最为重大。而基于设计的研究作为一种特别适合于教育技术的研究范式（李曼丽等，2018），较多地被用于教育技术研究领域。基于设计的研究推动着学习研究的场景从实验室向课堂转变，而基于设计的研究与会话分析结合在一起，有力推动了 20 世纪末学习研究在方法学上的创新。

其次，基于设计的研究推动了教育学的进步。李曼丽等（2018）指出，作为"后来者"的教育学，通过基于设计的研究这一研究方法的创新，倡导认知科学走入真实的认知情境，使研究结论更具实用性，这推动了认知科学学科群对教育学地位的承认与接受。例如，*Cognitive Sciences* 这一认知科学的权威期刊在 1997 年开始收录教育学研究范畴的相关学术成果。

最后，基于设计的研究对教学实践的影响更加深远和重大。福柯曾说过："人生劳作的主要兴趣是使自己成为不同于昨日的另外之人。"

而在教育的"劳作"过程中，教师可以利用基于设计的研究不断地创新教学。实验发现，设计活动对帮助学生理解复杂系统特别有效，他们在设计过程中能够很好地应用学习目标中的科学概念（冯锐、缪茜惠，2009）。基于设计的研究项目有几个特点使其适于发展技术性知识和主题知识，例如设计活动需要修改以及反复解决问题，就像项目一样，需要经历"定义→设计→评价→再设计"这样的循环过程（冯锐、缪茜惠，2009）。它将实证研究与学习环境的结构和建设相结合，促进教育领域设计理论与教学实践的融合发展，融合了理论创新与实践改进，取得了一定程度上的成效，摆脱了理论与实践相割裂的困扰，打造了一个"由应用激发的基础研究"的新领域，开辟了学习研究的"巴斯德象限"（Kolodner，2004）。并且，基于设计的研究方法在科学技术、艺术、工程建筑等领域随处可见，因而基于设计的研究学习也帮助学生为未来进入社会做好准备，它搭建起了教育和商业世界之间的桥梁（冯锐、缪茜惠，2009）。因此，基于设计的研究对于教学实践发挥着不可忽视的作用。

10.3.2　理论发展

21 世纪第一个十年末，学习科学迎来了专业发展的第二次变革，即教育与认知神经科学的融合，以及新的认知与学习技术的引入。从国内来看，基于设计的研究主要应用在教育技术和数学教育研究中（李卓、鲍建生，2020）。基于设计的研究能够帮助我们开发人工制品、建立设计框架、更新发展理论（王辞晓，2019）。基于设计的研究和系统开发研究适用于支持知识建构的系统环境研究（陈晓月，2019）。

然而，采用多种研究方法、经过多轮迭代、耗费如此多时间和精力得到的应用于特定情境的研究结果，是否真的可信，是否真的有效，其影响意义如何，能否在更大范围内促进教和学，这些问题的答案关系着基于设计的研究这一新兴方法论的生死存亡，关系着基于设计的研究是走向成熟和被广泛应用还是逐渐归于消寂（单迎杰、傅钢善，2017）。

郑欣等（2021）总结出目前基于设计的研究所呈现出来的缺点，比如多数研究只进行一轮设计，没有再设计的迭代过程。而基于设计的研究应遵循教育干预的设计、实施、评价和优化这样一个完整的迭代过程。目前，研究者普遍重视干预的实施，却忽略干预设计原则的修订和改进（郑欣、刘笛月、徐斌艳，2021）。研究者倾向于同时关注多种互动形式，但不同干预情境下有不同的互动形式关注倾向（郑欣、刘笛月、徐斌艳，2021）。

近三年诸如参与设计研究（participatory design research）、基于社区的设计研究（community-based design research）和社会设计实验（social design experiments）等基于设计的研究新样式的出现也在助力其走上更长远的道路（单迎杰、傅钢善，2017）。

目前，我们的教学仍旧以线下的面授课堂为主流，但由技术支持的线上学习情境也逐渐成为重要情境，在多种互动形式并存的情况下，面授课堂可能更多地关注同伴互动和师生互动，而技术支持下的学习情境可能突出的是人机互动（郑欣、刘笛月、徐斌艳，2021）。

近年来，疫情席卷全球，迫使学校对教育形式进行调整，尝试线上教学，尽管这给教育带来了一定的冲击，但也成为一个实施技术支持学习和远程学习的机遇，为多种多样的教学实践提供了更多可能性。因此，我们应当重视基于设计的研究在不同场景和时代背景下的创新和融合，合理使用基于设计的研究这一方法处理现实的教学。

10.4 基于设计的研究的实践案例

10.4.1 基于设计的学习环境

本案例源自国外权威期刊 *Computers & Education* 中由 Janet Mannheimer Zydneya，Zachary Warnera 以及 Lauren Angelone 于 2020 年发表的 *Learning through experience*: *using design based research to redesign protocols for blended synchronous learning environments*（《经验学习：利用基于设计的学习重新设计混合同步学习环境的协议》）。

该研究试图解决中西部一所大学的本土问题，使用了基于设计的研究方法来迭代设计、实施和评估，充分利用研究生教育课程中使用协议的混合同步学习环境。在迭代中，Janet 等（2020）使用定性数据收集和分析程序的组合来检验协议对混合同步环境中教师和学生经验的影响。

　　该研究包括一个周期和三次迭代，其周期的目标是为混合同步协议开发一套初始的设计命题，在研究初期，作者给出了初步的实验设计，列出了四个会议的日期和时间，八个学习模块的课程，每两周利用视频会议工具 WEBEX 进行同步会议轮流讨论。在刚开始使用视频会议工具时，研究者对学生的视频会议工具使用情况、职业和性别进行了摸底。

　　在研究中期，作者通过研究助理的辅助，收集到了观察会议的现场信息，学生的调查回答数据以及研究人员汇报会议的记录。第二轮迭代的数据包括实地记录、10 名学生的调查回答、汇报记录和对教师的访谈。第三轮迭代中收集的数据包括实地记录、四名学生的调查回答、汇报笔记和对四名学生的访谈以及由第五名同时参与了在线和实地会议的学生完成的会员检查记录。

　　在迭代过程中，有以下三个主要元素发生了变化：协议、主持人角色和网络会议工具的使用。

　　在协议方面，第一轮迭代后，学生反馈每人的发言时间限制在 40 秒内有一定的消极影响，研究者将每个协议步骤的时间延长，并提供了时间范围，而不是时间限制，以给群体更大的灵活性（Janet 等，2020）。在第二轮迭代中，学生们很难记住从这一轮到下一轮的信息，经常被混合同步环境的其他刺激所干扰。为了解决这个问题，在最后一轮迭代中使用了一个不同的协议，其中每一次讨论都关注一个特定的人，而不是一个主题。

　　在主持人角色方面，研究显示，一旦导师没有对过程进行干预，学生就会认为事情没那么顺利了。学生们认为他们在主持人的督促下成功实施了小组讨论，他们很喜欢自己能在整个过程中担当促进者的角色。

　　在使用网络会议工具时，尽管这种对时间的过度意识在整个迭代过程中持续存在，但这些问题在第一轮迭代中最为普遍。每轮迭代后的技术问题都减少了，这给了被研究者更多的讨论时间以达到更好的学习效果。

　　在混合同步学习环境中，每个人都更难集中在讨论的内容上，因为注意力分散在不同的地点、多个通信渠道和各种技术之间。

　　第一个设计提案加强了协议教学法的原始设计原则，从通过不同的角色实现积极参与到通过分布式角色实现积极参与。学生辅导员可以分为两个独立的角色：一个关注讨论，另一个关注技术。第二个设计命题扩展了原设计原则，从通过结构创造公平到通过灵活的结构创造公平。第三个设计命题建立在协议教学法的原始设计原则之上，通过建立规范，承认需要额外的规范来培养信任。第四个设计命题通过让学生在混合同步学习环境中集中注意力，研究者认识到这一要求对学生来说是额外的挑战，同时，凸出了提示与文本的联系的协议设计原则（Janet 等，2020）。

　　总的来说，第一，该研究针对一个具体问题进行了充分的设计、干预、评价和迭代，在具体情境中设计优化方案。但该研究存在的缺点是迭代时间只有四周，难以进行深入分析，导致该研究存在潜在的、错误的、即时的设计决策。第二，重复的、频繁的调查导致每次迭代的调查回复率下降（Janet 等，2020）。第三，更多的校内学生自愿接受面试，反映的是校内学生的观点。第四，尽管该研究的长期目标是通过设置不同的多个周期创建可推广的结果，但由于上下文和样本量小（Janet，2020），结果难以推广。因此，该研究虽然在迭代的次数上较一般研究有增加，但是在时间间隔和对象范围的选取上仍具有局限性。但不置可否的是，该研究流程完整，有效利用了基于设计的研究的研究范式，得到的结论也符合预期结果，有利于解决当地的教育问题。

10.4.2　批判性思维导向的学习环境干预模型设计

　　国内关于基于设计的研究实践的案例不在少数，本书选取核心期刊东北师范大学学报（哲学社会科学版）上卢丹和解月光于 2020 年发表的《批判性思维导向的学习环境干预模型及策略——一项基于设计的研究》一文作为案例进行分析。

　　该案例中，作者在基于设计的研究这一范式的指导下，针对国内某重点师范大学 2016 级和 2017 级非英语专业本科生的"实用英语写作"课程，利用批判性思维导向的学习环境干预模型和策略，对学习环境进行设计和优化。

　　在研究前期，即设计过程中，作者基于已有研究总结了促进批判性思维发展的教学干预，并结合这些教学干预首先确定了批判性思维导向的学习环境的结构要素，随后通过映射提出了批判性思维导向的学习环境要素的应然特征（卢丹、解月光，2020）。作者针对学生自身的写作能力和批判性思维进行了测试，并根据学生的具体情况和批判性思维导向的学习环境干预模型（初始）及策略进行了活动的设计。

在研究中期，即研究实践过程中，作者在授课时告知学生提高批判性思维的课程目的及批判性思维和写作的相关概念，并认真观察学生在课堂以及线上活动中的表现。

在研究后期，作者在每次授课后都填写反思日志，并再次对学生进行批判性思维和写作的测试，然后与部分学生进行访谈。

在该研究中，一共进行了两轮课程实施。第一轮课程实施之后教师进行了评价和反思，认为教学活动与学习环境设计基本合理，学生的批判性思维能力以及写作水平有了比较显著的提高（卢丹、解月光，2020）。但存在的问题有情境缺乏迁移性；教师提供的资源不能满足学生学习的全面需求；个别工具的功能操作步骤烦琐，浪费时间；学生在面对挑战性较高的任务时容易出现畏难情绪。因此在第二轮课程实施开始之前，教师通过学生的反映及教师观察到的情况进行方案修订及优化，以期达到更好的效果。该作者在第一轮迭代实验结束后，将原有的批判性思维导向的学习环境干预初始模型（见图 10-1）改为修订模型（见图 10-2），即增补资源的自主性，情境的可迁移性，支架的支持性氛围和工具的易操作性。第二轮迭代实验之后，教师发现了第二轮教学中仍存在些许问题，如学生抱怨线下活动占用过多时间、教师的作用仍然不够鲜明等（卢丹、解月光，2020）。

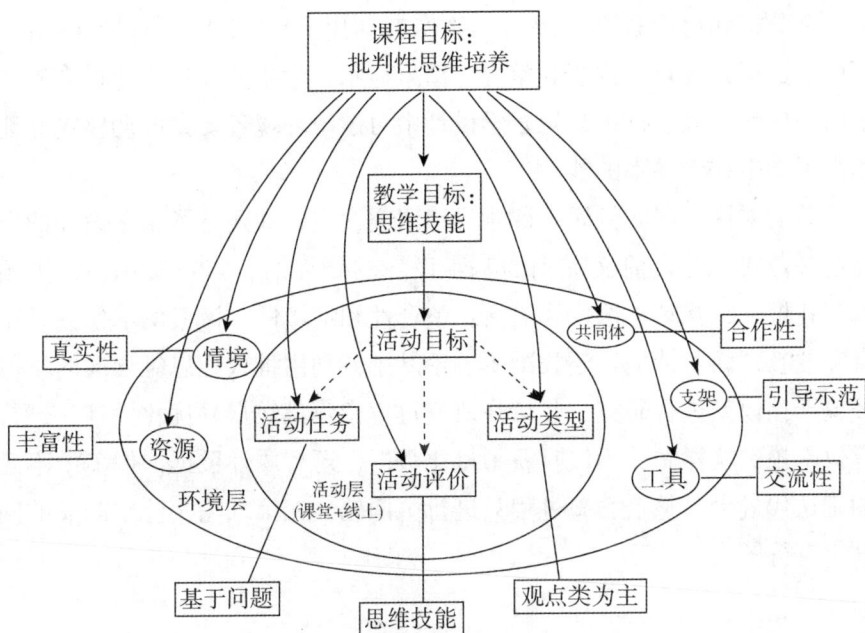

图 10 - 1　批判性思维导向的学习环境干预模型（初始）

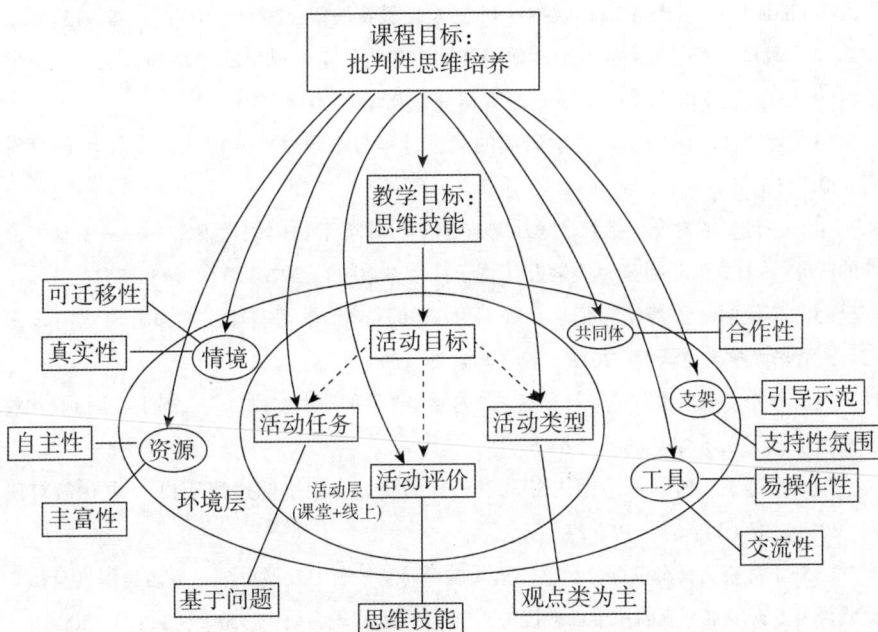

图 10 - 2　批判性思维导向的学习环境干预模型（修订）

在分析和讨论数据结果时，该作者利用 SPSS 工具分析量性数据，而质性数据则为自行撰写和整理。结果显示，学生的评价要素提升幅度较第一轮的更大，且第二轮教学设计中对学习环境各要素的调整更好地提高了学生评价要素的能力。

总的来说，该案例属于课堂设计研究，完整地践行了基于设计的研究这一范式，符合前文提到的基于设计的研究的特点：实用性，干预性，扎根性，互动、迭代和灵活，整合性和情境性。该案例不仅立足于真实的教育教学情境，还找准了理论基础，利用批判性思维导向的学习环境干预模型进行研究，坚持在研究过程中收集数据并优化设计，进行有效干预，这样做，不仅收获了量化数据，还有质性数据。但美中不足的是迭代过少。整个实验过程只进行了两轮，在第二轮实验中凸显的问题仍有待解决。

参考文献

[1] 冯锐，缪茜惠. 探究性高效学习的意义、方法和实施途径——对话美国斯坦福大学 Linda Darling-Hammond 教授 [J]. 全球教育展望，2009 (10)：3-6，15.

[2] 郭莉. 面向未来的创造性学习和知识建构：学习科学的思路和方法——访学习科学专家张建伟博士 [J]. 开放教育研究，2020 (3)：4-10.

[3] 郝建江. 国内学习科学研究的演进过程与主题聚类分析 [J]. 上海教育科研，2017 (6)：18-22.

[4] 卢丹，解月光. 批判性思维导向的学习环境干预模型及策略——一项基于设计的研究 [J]. 东北师范大学学报（哲学社会科学版），2020 (3)：143-151.

[5] 李曼丽，丁若曦，张羽，等. 从认知科学到学习科学：过去、现状与未来 [J]. 清华大学教育研究，2018，39 (4)：29-39.

[6] 李卓，鲍建生. 论设计研究："内涵""类型""过程"与"应用" [J]. 数学教育学报，2020，29 (5)：52-57.

[7] 单迎杰，傅钢善. 国内外基于设计的研究应用案例述评 [J]. 电化教育研究，2017，38 (5)：13-19，27.

[8] 王辞晓. 具身设计：在感知运动循环动态平衡中发展思维——访美国具身认知领域著名专家多尔·亚伯拉罕森教授 [J]. 现代远程教育研究，2019 (2)：3-10.

[9] 王文静，谢秋葵. 基于设计的研究：教育理论与实践创新的持续动力 [J]. 教育理论与实践，2008，31 (8)：7-11.

［10］王志军，耿楠，陈明选．基于设计的研究存在的问题与关键点［J］．开放教育研究，2018，24（4），63－71.

［11］杨南昌．基于设计的研究：正在兴起的学习研究新范式［J］．中国电化教育，2007（5）：6－10.

［12］BAUMGARTNER E, et al. Design-based research：an emerging paradigm for educational inquiry［J］. Educational researcher，2003，32（1）：5－8.

［13］杨南昌．"设计研究"纷杂概念的界定及与相关方法的比较——学习研究的原初视角［J］．远程教育杂志，2009（1）：13－17.

［14］张婧婧，郭佳惠，段艳艳，等．学习科学中核心主题的演化与变迁［J］．电化教育研究，2018，39（12）：13－20.

［15］郑旭东，王美倩．学习科学：百年回顾与前瞻［J］．电化教育研究，2017，38（7）：13－19.

［16］郑欣，刘笛月，徐斌艳．基于设计的研究之架构与实施——对 2015～2020 年 SSCI 发表的与数学教育相关 DBR 论文的内容分析［J］．现代教育技术，2021，31（2）：33－39.

［17］张文兰，刘俊生．基于设计的研究——教育技术学研究的一种新范式［J］．电化教育研究，2007（10）：13－17.

［18］ABRAHAMSON D. Embodied design：constructing means for constructing meaning［J］. Educational studies in mathematics，2009，70（1）：27－47.

［19］BROWN A. Design experiments：theoretical and methodological challenges in creating complex interventions in classroom settings［J］. Journal of the learning sciences，1992，2（2）：141－178.

［20］COLLINS A. Toward a design science of education［M］// SCANLON E & T. New directions in educational technology. New York：Springer-Verlag，1992，15－22.

［21］COBB P, JACHSON K, DUNLAP C. Conducting design studies to investigate and support mathematics students' and teachers' learning［M］// CAI J. Compendium for research in mathematics education. Reston：National Council of Teachers of Mathematics，2017，208－233.

［22］CONFREY J. The evolution of design studies as methodology［M］// SAWYER R K. The Cambridge handbook of the learning sciences. New York：Cambridge University Press，2006：135－151.

［23］JOSEPH D. The practice of design-based research：uncovering the interplay between design，research，and the real-world context［J］. Educational psychologist，2004，39（4）：235－242.

［24］ZYDNEYA J M, et al. Learning through experience: using design based research to redesign protocols for blended synchronous learning environments ［J］. Computer & education, 2020, 143 （C）.

［25］KOLODNER J L. The learning sciences: past, present, future ［J］. Educational technology, 2004, 44 （3）: 7 – 42.

［26］KWON O, BAE Y, OH K. Design research on inquiry-based multivariable calculus: focusing on students' argumentation and instructional design ［J］. ZDM mathematics education, 2015, 47 （6）: 997 – 1011.

［27］PLOMP T. Educational design research: an introduction ［M］ // PLOMP T, NIEVEEN N. Educational design research. Enschede: Netherlands Institute for Curriculum Development, 2013, 10 – 51.

［28］POWELL T C. Competitive advantage: logical and philosophical considerations ［J］. Strategic management journal, 2001, 22 （9）: 875 – 888.

［29］SAWYER K. Introduction: the new science of learning ［C］ //The cambridge handbook of the learning science. Cambridge: Cambridge University Press, 2006: 5 – 6.

第 11 章　学习环境设计

11.1　学习环境设计的概念及理论发展

11.1.1　概念解读

学习环境这一概念最早是由心理学家 Lewin 提出的，学习环境是学生身心发展不可或缺的组成部分，他认为学习环境设计应该在满足学习者生理和心理需求的基础上将学习环境和学习者紧密联系起来，进行交流互动，从而促进学习者知识的提升和能力的进步，以此达到有效学习的目的（陆根书、杨兆芳，2008）。1995 年，Wilson 就在他的文章中这样论述学习环境："学习环境指的是一个场所，这里的学习者可以互相合作，彼此支持，借用不同种工具和信息资源相互支持，共同参加问题解决活动，共同达到学习目标。"

目前对学习环境较为普遍的定义即学习环境是指促进学习者发展的各种支持性条件的统合。钟志贤（2005）认为学习环境是一种发展中的教学隐喻，学习环境是为了促进学习者发展，特别是高阶能力发展而创设的学习空间，学习环境所支持的学习是以学习者为中心的学习方式，可表述为学习环境是学习者在追求学习目标和问题解决的活动中可以使用多样的工具和信息资源并相互合作和支持的场所。钟启泉（2015）认为学习环境是基于多种多样的物的要素和人的要素而形成的动态的"信息环境"，以及借助所有感官如学习者的视觉、听觉、触觉等体验到的"信息总体"。学习环境的设计本质上是一种学习场的设计，应当具备建构性、自控性、情境性、协同性四个特征。学习环境设计的目的在于通过学习分析，设计学习资源、认知工具和学习策略，为学习者创设学习情境，促使学习者更加有效地进行学习。

11.1.2　理论发展

学习环境研究始于 20 世纪 30 年代的心理场运动研究。在 20 世纪

60 年代，西方国家出于增强国际竞争力的需要，越来越关注人的发展并开始着手进行教育环境和学习环境的变革，以提高教育质量。自此，学习环境设计正式成为独立的研究领域，早期的学习环境研究主要关注环境对学生行为和学习的影响，以及如何影响教师和学生对环境的感知等方面（陆根书、杨兆芳，2008）。

信息技术、互联网技术、大数据技术的出现和发展，打破了传统学习环境的单一性和模式化，使满足学习者需求的学习环境向多元化发展。随着科学信息技术的进步，传统的教学设计和学习环境强调的可控性、传授性已经无法适应人类的学习特性。当今时代，我们更需要一个具有开放性、支持性，可以激发多种思维并且滋养多样性和多元化的学习环境来匹配复杂性、个性化和随机性的人类学习。我们难以借助传统的课堂教学方式使每一个人能专注、忘我地学习，相反，我们需要一个可以促进知识建构、有多种刺激条件和知识条件的综合学习环境。因此，在这样的背景下，学习环境设计开始成为一种创造性活动，学习环境设计研究也逐渐受到广大研究者的关注和重视，在教育学等领域快速崛起。

11.2 学习环境设计的国内外相关研究

学习环境设计并非新的研究主题，但这方面的研究却一直颇受重视，研究从注重真实教育情境的实体环境设计到学习交互设计，涉及内隐学习与大脑（认知心理学）、非正式学习、正式学习等诸多领域的知识，同时也关注学习环境设计的效果如何推动学习的发生与发展。本节整理近年来较有影响力的研究，列举如下：

早期关于学习环境的研究主要关注美国学者的研究情况，但是进入20 世纪80 年代后，学习环境研究在国际上已经成为热门课题，研究范围不断扩大，涌现出了一批具有国际声誉的研究者，如澳大利亚西澳技术学院的 Fraser、美国伊利诺伊大学的 Walberg 等人。在研究内容方面，主流是对学习心理环境的研究，研究者们着力最多的是学校氛围和班级环境。这一时期研究者们设计开发了许多学习环境的测量工具，其中 Fraser 等人编制的"学习环境调查问卷"和"我的班级调查问卷"成为最有影响的工具。

20 世纪 90 年代以来，建构主义学习理论的发展催生出许多从建构主义的角度探讨学习环境的研究。建构主义强调，学习是学生主动建构的过程，具有四个特点：①学习是建构学习者自己的理解；②当前的理解决定想要构建的新知识；③社会交互作用促进学习；④有意义的学习出现在真实的学习任务中。建构主义者倡导的学习环境强调情境、协作、会话和意义建构四大要素。随后，许多研究者结合建构主义心理学与信息技术、网络技术，研究与开发计算化、网络化的学习环境。

根据乔纳森的建构主义学习理论，建构主义学习环境（CLE）设计模型以问题解决为主线提出了一种设计建构性学习环境的框架和方法，CLE 设计模型包含六个基本要素：问题、相关案例、信息资源、认知工具、会话或协作工具和社会或境脉支持。据此，陆根书和杨兆芳（2008）认为，学习环境和学生发展之间存在必然联系，他们从学校层面研究学习环境，研究者一般使用"学校氛围"（school climate）一词，并从组织和社会心理学的角度来研究和测量学校氛围。在英国进行的教学检查中，校监会与拨款委员会得出的结论是，学校氛围在很大程度上决定了学生的经验，学校氛围是高等教育机构质量的一个重要构成因素。该层面引发的学习环境设计针对教师和学校的改革与演进。从班级或课堂层面研究学习环境，常使用"课堂环境"（classroom environment）或"班级环境"（class environment）来表述。"班级"这一概念始于夸美纽斯，他把班级作为提高教学效率的最好形式，所以，一开始班级就是和教学联系在一起的，这一层面推动的学习环境设计主要针对学习者个体的行为规范和心理需求展开。

塔卫刚（2018）在实践中将学习环境设计归纳为以下五个问题：①课堂学习环境设计的相关研究，包括学习理论构建、认知和情感的交互等；②在线学习环境设计的相关研究，如沉浸式学习环境和智慧学习环境的设计与开发、在线学习形式等；③实体场馆学习环境设计的相关研究；④虚拟场馆学习环境设计的相关问题研究；⑤虚实融合学习环境设计的相关问题研究。

11.3 》 学习环境设计的价值与意义

开展学习环境设计的研究，最直接的目的是促进有效学习，同时也为后续的研究提供理论参考，其价值如下：

1. 促进学习者高阶能力的发展

钟志贤（2005）认为学习环境设计的目的是促进高阶能力的发展，宗旨是有意义学习，路径是支持有意义的学习，并提出了学习环境力——准确定位和发挥学习环境诸要素的角色和效力。学习环境力将各要素的力量有机地协调起来，构成一种整合的力量，从而促进高阶思维的发展，同时反映了学习环境设计和学习科学相互统一的关系。

2. 改变教育目标

无论出于何种学习目的，设置教育目标时都需要考虑教师如何教、教师教什么、教师如何评价学生这三个问题。随着对"人"的关注越来越深刻，教育目标也逐渐走向了一个新的方向——学习环境设计，即通过对学习环境的建构和重塑，来影响和促进学习的进程及对学习者学习效果的作用。

3. 让新技术赋能有效学习

环境可以刺激学习，并赐予学习更丰富的意义。随着科学技术和信息的不断发展与进步，尤其是人工智能技术的兴起，学习环境正朝着更加个性化、多元化、并服务于终身学习的智能普适学习环境方向发展。强大的技术支持和文化融入必然推动着学习环境设计研究的不断发展，如何平衡现代技术和传统学习的应用是研究者下一步要面临的问题。

11.4 》 学习环境设计的发展

近年来，学习环境设计得到了长足的发展，主要体现在：

1. 出现新的研究方向

在近20年的发展中，该领域表现出了三大研究趋势：以新技术为基础支撑的学习环境，如情境感知技术、虚拟现实技术、人工智能技术；以学习者为中心的个性化学习环境，由注重知识获得转向学生的学习体验，以帮助学生进行个人意义的建构；以促进学习方法为主的学习环境，如基于问题的学习、发现学习、真实情境中的学习等（王小越，2020）。

2. 研究结论逐渐应用于教师培训和教学评价

学习环境研究提供了很多有价值的教育思想和教育技巧。因此，国外已经把学习环境研究获得的结论用于教师培训和教学实践。例如，学习环境研究发现，优秀教师与普通教师的差别之一在于其所营造的课堂学习环境存在显著差异。因此，国外已经把课堂环境评价作为教师评价的一个方面，期望通过这种评价来促进班级和学校的发展（陆根书、杨兆芳，2008）。

3. 学习者中心的环境和共同体中心的环境受到重视

学习者中心的环境是指学习者将他们的知识、技能、态度、信仰带到学习环境中，而学习者带来的东西在环境中都必须得到足够的注意。这种环境的设计类似于"因材施教"，重视学生的语言，引导学生在学习初始阶段就将他们的信念、理解、文化实践带进学习中，并且在学习的过程中建构自己的理解和意义。如果把教学看作是在学生与教学内容之间搭建一座桥，那么以学习者为中心的教师就会时刻注视桥的两端，从而了解学生们都知道什么、关心什么、能做什么、想要做什么。共同体中心学习指不同的学习共同体（如班级共同体、学校共同体和社区共同体）反映出不同的规范和期望，这对教什么和怎样教影响重大。

4. 网络支持下的线上学习开始普及

日本学者佐藤学提倡要打开教室之门、学校之门，就是因为现在的社会不再是封闭的社会，在网络时代，教与学都有很大的变化，比如说CCtalk 的"云伴读、云伴学"直播学习，就是利用互联网技术拓展课堂。在新冠疫情期间，教育部相关单位提出"停课不停学、停课不停教"，在广大教师的努力下已经逐步在全国范围内实施，很多教师参与到这一计划之中。

虽然近十年来学习环境设计研究数量迅速增长，但学习环境设计在我国教育界仍是一个值得开拓和探寻的领域，正如钟启泉教授在全国第七届有效教学理论与实践研讨会的主题报告中说，没有学习环境的设计，"有效教学"不过是一种奢望而已。我国对于技术支持学习的相关研究起步较晚，理论和实践研究开展的时间并不长，但是在信息化时代和教育突飞猛进的现实状况下，有效的学习环境设计，特别是技术支持和文化融入下的学习环境设计，必将成为学习科学研究的重要选题和教育学领域的重要研究方向。

11.5　学习环境设计的相关案例

本案例选自华中师范大学的钟正、陈卫东（2018）实施的基于 VR 技术的体验式学习环境设计①。基于 VR 技术的体验式学习环境是一种用于满足学习者体验学习需求的人工环境，其设计的主要指导思想是体验式学习理论、建构主义学习理论和情境认知理论。其设计原则包括真实性原则和易于导航原则、内容适度原则和反思性原则。学习环境要发挥教育价值，必须对设计要素进行统筹和规划，厘清各要素的功能及相互关系（见图 11 - 1）。基于以上要求，研究者依据库伯的"体验式学习循环模式"，在吸收其学习理论的基础上，设计出四个学习情境，分别为"体验的情境""反思的情境""形成概念的情境"和"验证的情境"，每个情境可以提供必要的认知、协作、交流等辅助工具（见图 11 - 2）。基于 VR 的体验式学习环境设计以学生活动为中心，教师活动为辅助，构成一个以师生交互活动为内核的设计框架（见图 11 - 3）。

以此设计策略和框架为指导，钟正等对基于 VR 技术的生物学枯草芽孢杆菌体验式学习环境进行了设计，该体验式学习环境以自主学习为主要形式，在交互设备选择上采用 HTC vive 无线双模定位跟踪技术和控制手柄相结合的方式，满足学习者在虚拟空间自由移动和漫游的需求。

① 钟正，陈卫东. 基于 VR 技术的体验式学习环境设计策略与案例实现 [J]. 中国电化教育，2018（2）：51 - 58.

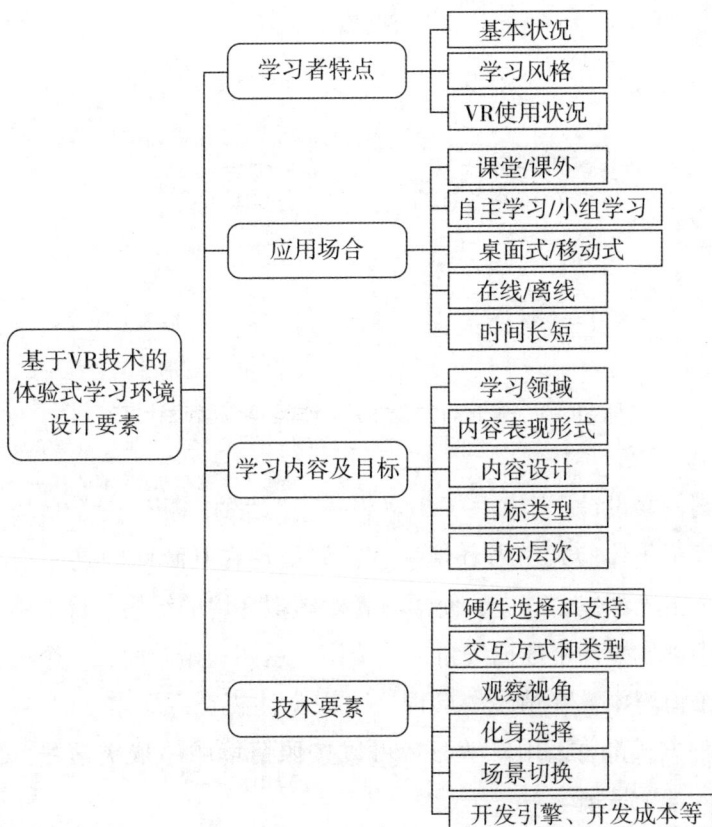

图 11 - 1 基于 VR 技术的体验式学习环境设计要素

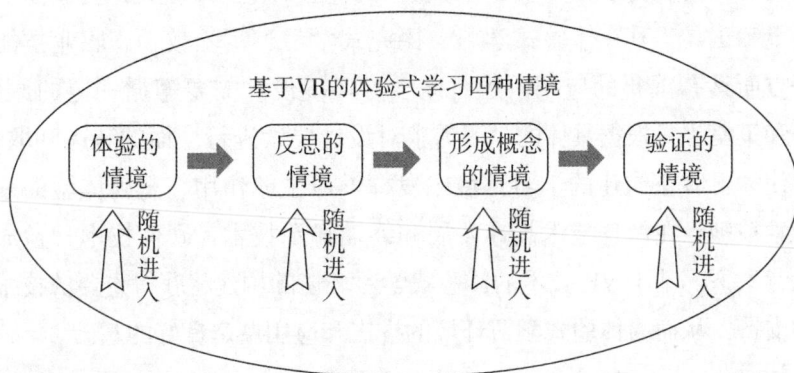

```
                    ┌─────────────┐   ┌──────────┐
                    │             │   │ 基本状况  │
                    │  学习者特点  │───┤ 学习风格  │
                    │             │   │ VR使用状况│
                    └─────────────┘   └──────────┘
                                      ┌──────────────┐
                                      │  课堂/课外    │
                    ┌─────────────┐   │自主学习/小组学习│
                    │             │   │  桌面式/移动式 │
                    │   应用场合   │───┤  在线/离线    │
┌──────────────┐    │             │   │  时间长短     │
│  基于VR技术的  │    └─────────────┘   └──────────────┘
│ 体验式学习环境 │                     ┌──────────────┐
│   设计要素    │────                  │  学习领域     │
└──────────────┘    ┌─────────────┐   │ 内容表现形式  │
                    │ 学习内容及目标│───┤  内容设计     │
                    │             │   │  目标类型     │
                    └─────────────┘   │  目标层次     │
                                      └──────────────┘
                    ┌─────────────┐   ┌──────────────────┐
                    │             │   │  硬件选择和支持    │
                    │   技术要素   │───┤  交互方式和类型    │
                    │             │   │  观察视角         │
                    └─────────────┘   │  化身选择         │
                                      │  场景切换         │
                                      │开发引擎、开发成本等 │
                                      └──────────────────┘
```

图 11 - 1 基于 VR 技术的体验式学习环境设计要素

基于VR的体验式学习四种情境

体验的情境 → 反思的情境 → 形成概念的情境 → 验证的情境

随机进入　随机进入　随机进入　随机进入

图 11 - 2 基于 VR 技术的体验式学习环境构成

情境设计

交互设计

反思设计

学生活动 → ← 教师活动

验证与测试
设计

辅助工具
设计

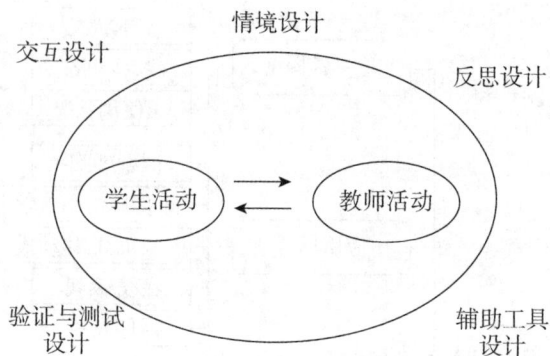

图 11 - 3　基于 VR 技术的体验式学习环境设计框架

　　本案例共设计了"看一看""想一想""测一测"三个情境。学习者进入虚拟化体验式学习环境后，首先呈现在其眼前的是一个初始画面，三个情境都包含其中，使学习者对虚拟环境的结构一目了然；在每个情境中都设置两个虚拟按钮，一个用于返回初始画面，一个用于跳转到下一个情境中。在情境跳转时，"视觉注视交互"和"手柄射线交互"两种方式都可以用。学习者可以按照情境顺序依次学习，也可以随机进入某个情境学习。

　　本案例应用情况表明，基于 VR 技术的体验式学习环境在教育方面应用潜力巨大，能够提升学习者的学习兴趣和动机、增强学习体验、促进知识记忆和情境化学习。基于 VR 技术的体验式学习环境是一种新型的学习环境和工具，其在体验式学习、探究式学习、实验教学、职业技能训练等方面具有重要的应用价值。该学习环境设计需要遵循一定的原则、方法和策略，要根据具体的学习需求对设计要素进行全面的考虑和取舍，从而使学习者在构建的学习环境中发挥学习主体作用、充满体验的乐趣和探索精神。在信息技术高速发展和终端显示技术、硬件技术日益成熟的大背景下，基于 VR 技术的体验式学习环境的构建将获得重要的技术保障和支持，从而为体验式学习环境的推广和应用奠定良好的基础。

■ 参考文献 ■

　　[1] 陆根书，杨兆芳. 学习环境研究及其发展趋势述评 [J]. 高等工程教育研

究，2008（2）：55-61.

[2] 逯行，沈阳，徐晶晶，等. 智能学习环境中主体需求冲突及其平衡研究［J］. 现代远程教育研究，2020，32（1）：51-60.

[3] 逯行，沈阳. 基于智能技术的"新工科"研究生学习环境设计研究［J］. 研究生教育研究，2019（5）：26-30.

[4] 尚俊杰，王钰茹，何奕霖. 探索学习的奥秘：我国近五年学习科学实证研究［J］. 华东师范大学学报（教育科学版），2020，38（9）：162-178.

[5] 尚俊杰，裴蕾丝. 发展学习科学若干重要问题的思考［J］. 现代教育技术，2018（1）：12-18.

[6] 塔卫刚. 学习科学视野下学习环境设计研究［J］. 现代教育技术，2018，28（6）：5-10.

[7] 田阳，万青青，陈鹏，等. 多空间融合视域下学习环境及学习情境探究［J］. 中国电化教育，2020（3）：123-130.

[8] 田阳，纪河. 基于教育场域的网络学习环境探究［J］. 中国电化教育，2019（4）：36-43.

[9] 王小越. 国际学习环境设计研究脉络及热点分析——基于 WoS 的文献计量分析［J］. 中国教育信息化，2020（15）：19-26.

[10] 吴影，郑晓凤. 基于建构主义的混合式外语学习环境设计［J］. 中国教育学刊，2020（A1）：76-78.

[11] 钟启泉. 学习环境设计：框架与课题［J］. 教育研究，2015（1）：113-121.

[12] 张薇薇，施茜薷. 基于知识建构的本科数据素养教育学习环境设计［J］. 现代情报，2021，41（3）：121-130.

[13] 赵文政，张立国. 移动 AR/VR 赋能学习设计模式变革探索［J］. 现代远距离教育，2020（6）：41-49.

[14] 张雪，罗恒，李文昊，等. 基于虚拟现实技术的探究式学习环境设计与效果研究——以儿童交通安全教育为例［J］. 电化教育研究，2020，41（1）：69-75，83.

[15] 钟正，陈卫东. 基于 VR 技术的体验式学习环境设计策略与案例实现［J］. 中国电化教育，2018（2）：51-58.

[16] 钟志贤. 论学习环境设计［J］. 电化教育研究，2005（7）：35-41.

[17] ARKHIPOVA A I, GRUSHEVSKY S P, PICHKURENKO E A, et al. Hermeneutical approach to the design process interactive learning environment technologies［C］// CEUR workshop proceedings，2021：25-37.

第 12 章　学科融合的学习设计

12.1　学科融合

12.1.1　学科融合的概念与产生背景

1. 学科融合的概念

关联的学科内容集合在同一门课程中，类似于综合课程。它要求突破课本的束缚，整合不同学科的课程资源，形成关联度高的新课程。目前，学科整合大多停留在知识层面的整合，即通过知识的重组开辟出一门新的课程。

跨学科教学又称为学科交叉教学，指的是在教学过程中以某一学科的某一具体知识模块为基础，建立与其他学科相关知识的横向联系。通过跨学科的横向整合为学生提供更多启发，从而促进学生对所学知识的深入理解。跨学科教学更注重知识层面的融合与方法技能的迁移，使学生融会贯通所学知识并能灵活运用多种技能。

学科融合是多门学科的参与和融入，但不是简单的跨学科教学。学科融合虽然涉及不同学科元素的参与，却不是几门学科的简单叠加，而是在坚持主导学科个性和特质的前提下，有统整、有主次地融入多门学科知识。促进不同学科素养的融合，有助于学生在未来的工作和生活中灵活运用所需要的多学科素养。这就要找出不同学科间的教学"交互点"和素养的"共同点"，使用具体教学策略和方法，进行深度的学科融合。因此，学科融合比学科整合、跨学科教学具有更广泛的概念内涵，具有更高的培养目标。

2. 学科融合的产生背景

学科融合的教学理念最早源于 19 世纪中期的欧洲，随着科学技术的不断发展，教学科目越来越多，约翰·弗里德里希·赫尔巴特（Johann Friedrich Herbart）发现完整的知识被分解得支离破碎，不合理的教学现状难以促进学生的综合发展，故赫尔巴特以统觉理论为主要依据，首次提出了学科融合的概念。在此之后，美国哥伦比亚大学的伍德沃斯（Woodworth）于 1926 年首次公开使用了"学科融合"的概念，他认为学科融合是指超越一个单一的学科边界而进行的涉及两个或两个以上学科的实践活动。

20 世纪 30 年代的统一科学运动促进了学科融合的发展，也使得研究者开始进行学科融合课程教学的研究。20 世纪 60 年代美国的学生运动要求去除大学的学科结构，代之以接近生活现实的整体概念。70 年代，经济合作与发展组织出版了《学科融合大学中的教学与研究问题》一书，书中详细分析了学科融合的定义、类别、动力、特点并深入研究了跨学科教学、大学跨学科研究等，使学科融合本身逐渐成为一门学科。90 年代，克汉恩出版了《学科融合的历史、理论与实践》一书，详细论述了学科融合的历史、定义、与学科的关系等，分析了以问题为中心的学科融合研究、学科教育等实践意义问题。进入 21 世纪之后，随着世界经济的迅速发展，教育的重要性不断提高，学科融合的理论与实践也不断得到发展扩散，正是在这样的背景之下，学科融合一步步成为现代教育的重要创新手段之一。

12.1.2　相关理论基础

1. 多元智能理论

多元智能（multiple intelligences）理论是 20 世纪 80 年代由霍华德·加德纳（Howard Gardner）教授提出的。霍华德·加德纳在 1987 年指出：在人的发展过程中，发现个体具有多样化的人类智能和智能组合，并对其进行专门的培养是非常有必要的。不同的个体有着与众不同的智能，这也是人与人之间有差异的主要原因。如果人们可以深刻认识到这种个体差异，将会更科学、合理地解决当今社会存在的一系列问题。加德纳教授提出的多元智能理论，通过大量的实验，说明人类的思维方法是多种多样的。他把一个人的能力分为八个方面及八种"智能"，这八种智能分别是自然观察者智能、肢体—动觉智能、言语智能、内省智能、空间智能、逻辑—数学智能、人机智能和音乐智能。每种能力都在一个人的成长中有着不可估量的用处，是无法替代的。

受过良好教育的学生，他们通晓各个知识领域的算法、规则、规律和原则，脑中却仍存有大量的错误观念，僵化的办事常规，模式化、单一化的思想。因此，在日常教学中，教师要善于运用其他学科资源来开展教学，引导学生开发自身的多种潜能，从而提高学生学习的积极性和主动性。

2. 建构主义理论

建构主义代表人物是瑞士的儿童心理学家皮亚杰，他认为儿童的发展既是连续的，又是分阶段的。通过长期的观察和实验，他将认知发展过程划分为以下几个阶段：感知运动期、前运算阶段、具体运算阶段和形式运算阶段。从建构主义的角度来看，世界虽然是客观的，但是对世界的认识和其具有的意义却是由每个人自己决定的。学习者以记忆独有的形式构建对周围事物的看法，因此不同的人看到的事物都是有差异的。依据建构主义理论，在教学过程中融合多学科内容，有利于促进学生积极主动地建构知识。在这个过程中，多学科融合还可以帮助学生突破重难点，使学生更好地理解知识，形成自己独有的知识体系，从而达到学习目标。

3. 人本主义学习理论

人本主义学习理论是由美国的心理学家亚伯罕拉·马斯洛（Abraham H. Maslow）和卡尔·兰塞姆·罗杰斯（Carl Ranson Rogers）提出来的。该理论将学习分为无意义学习和有意义学习，并倡导有意义学习。该理论认为在一定的条件下，学生能够通过自身的不断努力、探索，最终发掘自身内在潜能，达到自我实现的目的。学习的主要目标是完善人的发展，他们认为学生要实现有意义学习，就需要教师创造自由、平等、和谐的环境，同时提倡课堂讨论的教学模式。人本主义善于激发学生的潜能，提倡由学生自己结合自身的认知经验，在前进的过程中不断肯定自己，完善自己。人本主义学习理论强调自我需要和自我选择，在教学活动中，注重融合多学科的知识、方法、思想、能力，帮助构建自主学习的环境，使学生能够自主选择、自主学习。

12.1.3　学科融合的相关研究

1. 传统学科融合相关研究

我国对于学科融合的研究起步较晚，并且主要集中在研究高等教育阶段的交叉学科。随着课程改革的不断深入，近年来学科融合的研究步伐有所加快，关注点逐渐向基础教育方向转移。在文理分科模式下，分科教学模式的弊端日益显现，因此新课程改革要求加强学科整合，进行跨学科融合教学。相关研究者普遍认为学科融合的出发点是学科自身发展与社会需要的统一，这种融合体现出学科发展与社会需求的相互影响，以及学科自身发展的逻辑性；而学科融合的策略源于对现有实践的探究，这种融合需要从革新观念做起，应遵循学科发展的规律，进行合理融合。

姚期智（2020）认为学科融合的现象会把科学慢慢变成一个让我们"了解更多"的学科，正所谓"分久必合"，如今我们仿佛要回到一个"大科学"的家庭，这样做会产生出融合和交叉的效果，久而久之，就有可能成为科学进步的新引擎；殷群（2021）认为，应该承认各学科的差异，将相关联的学科进行优化组合，进而打破学科界限，应在遵循学科发展规律的基础上，以"渗透""整合""综合"的方式实施学科融合教育；许超（2020）表示学科融合多元化发展是教学改革的必然选择，要加强学科融合多元化发展理念的渗透，构建差异化的学科融合发展模式，强化以学科融合多元化发展为核心的教师队伍建设。一般来说，学科融合的课程设计与开发应该注意三个要点：一是注重学科的价值，二是强调融合课程的完整性，三是从文化嵌入的视角实践学科融合。

2. STEM 教育相关研究

STEAM 的教育理念起源于 20 世纪 90 年代的美国。不同于传统单学科的教育方式，STEAM 教育理念旨在通过将科学（science）、技术（technology）、工程（engineering）、艺术（arts）、数学（mathematics）等多门学科进行融合，并以此方式开展教育，获得了国际社会的高度认可。STEAM 教育理念的早期研究主要是围绕 STEM 教育展开，随着研究的不断发展，涉及的学科也不断扩展，后期由于 A（艺术）的融入才形成了 STEAM 教育理念①。STEM 教育理念在美国被重视的程度相当于中国的素质教育。STEM 教育理念一经提出，美国政府就大力鼓励各大中小学推行，并对其提供资金支持。1986 年美国国家科学委员会意识到应该将 STEM 教育理念上升到国家战略高度，因为它关乎美国在全球范围内的国家竞争力。1996 年美国国家科学基金会作出了《塑造未来：科学、数学、工程和技术的本科教育》报告，详尽叙述了 STEM 教育在美国的演进历程。2009 年奥巴马公开了关于 STEM 的教育规划细则，可见美国政府对此的重视程度。将 STEM 专业用于教学已成为提高中学数学和科学教师素质的主要工作之一。2011 年美国的一份关于 K-12（幼儿园至高中）阶段的 STEM 教育的报告发现，尽管社会及政府极其重视 STEM 领域的人才培养，但现实情况是 STEM 定向毕业生从事此行业的比例很低，同时性别和种族类别也有较大差异。于是美国的教育学家冷静地反思并认识到了 STEM 教育发展过程中出现的问题。美国相关组织提出对 STEM 教育进行改革②。G. Yakman 团队认为，将人文社科、艺术设计（arts）与 STEM 结合，更能发挥 STEM 教育的价值，于是 STEAM 教育应运而生。但在官方文件中并没有统一使用 STEAM 名称，官方文件仍然使用 STEM。美国《2016 国家教育技术规划》尤其强调通过 STEAM 教师的岗前培训加强教师对技术的掌握。STEAM 教育不仅在美国发展成功，在各国的教育改革发展中也发挥了重要作用。

2008 年我国开始关注美国的 STEM 教育，国内关于 STEM 教育的研究是从介绍和分析 STEM 的内涵开始的，随着相关问题的探究，关于 STEM 应用研究的文章也在逐年增多。2008 年，朱学彦梳理了关于美国 STEM 战略的成长历程，分析了 STEM 战略的组织保障与实施的具体情况，将 STEM 学科集成战略作为线索，分别介绍了从 1986 年到 2007 年和 STEM 教育相关的报告与法案，展现了十分重要的文献来源。论文中还阐述了 STEM 学科的集成战略既需要国家层面的立法保障，又需要社

---

① 李业平，王科，肖煜. STEM 教育研究的现状和发展趋势：综述 2000—2018 年间期刊发表的论文 ［J］. 数学教育学报，2019，28（3）：45 – 52.

② 范燕瑞. STEM 教育研究——美国 K-12 阶段课程改革新关注 ［D］. 上海：华东师范大学，2011.

会领域的认可与协作。范燕瑞在 2011 年创作完成的国内第一篇关于 STEM 教育研究的硕士学位论文《STEM 教育研究——美国 K-12 阶段课程改革新关注》详细地梳理了美国 STEM 教育的发展脉络，深入剖析了美国 STEM 教育师资培养现状等①。余胜泉和胡翔将 STEM 教育与跨学科的理论知识相结合，依据相关的分析报告详细阐述了 STEM 教育的九个核心特征，包括跨学科、趣味性、设计性、体验性、情境性、协作性、艺术性、技术增强性和实证性；同时针对学科知识整合的取向、生活经验整合的取向及学习者中心整合的取向三种学科整合的模式进行了分析。黄晓和李扬在论文中论述了 STEM 教育五个方面的优点，即综合性、回归性、动态性、实践性与丰富性②。李欣的《〈K-12 STEM 教育通用评估体系〉翻译报告》详细介绍了美国 STEM 教育的发展现状、重要性以及 STEM 教育评估方案的建立过程，为国内 STEM 教育的研究提供了范本③。马红芹对美国政府以及相关组织发布的相关报告进行了详细解读，并合理地运用文献研究法与文案分析法进行整理，概述了美国 STEM 教育的发展历史背景、STEM 课程的有关情况，以及学生和老师目前对 STEM 的学习情况；同时把美国 STEM 教育发展的历程分为了起源与形成期、发展与完善期、调整与改革期。马克哈克林和任杰阐述了三个主要问题：亚太地区国家实行 STEM 教育的现状如何？新的就业环境如何影响年轻人对 STEM 教育能力方面的预期和他们的要求是什么？科学中心如何优化其对 STEM 的贡献？

12.1.4　学科融合的发展趋势

随着课程改革的深入，学科融合在校本课程和综合实践活动课程领域的开拓呈现出以下发展趋势：①在掌握基础技能的基础上培养必备的综合能力与品质，如批判思维、合作能力和领导力等；②超越传统学科，发展新兴的综合的学科，如 STEAM、智能机器人、创客等；③更关注跨学科的主题和问题，如废物利用、人口问题等；④打破区域性观

---

① 范燕瑞．STEM 教育研究——美国 K-12 阶段课程改革新关注 [D]．上海：华东师范大学，2011.

② 黄晓，李扬．论 STEM 教育的特点 [J]．江苏教育研究，2014（15）：5-7.

③ 李欣．《K-12 STEM 教育通用评估体系》翻译报告 [D]．洛阳：河南科技大学，2015.

念，从全球化的理念来设计问题，如全球气候变化、逆全球化等；⑤增加学生学习与现实世界的关联，从生活中发现问题；⑥尊重学生的多元选择，不仅仅以传统学科为出发点，如开设天文学课、农学课等。

12.2 学科融合的学习设计

12.2.1 学科融合的学习设计的内涵

学科融合的学习设计主要针对具有综合性质的课程，它与传统的学习设计最大的不同是：它是对各学科知识的一种整合，而不是孤立地学习某一方面的知识。比如，我们在学习过程中，有的课程是数学课，有的是语文课，有的是英语课，还有地理课等，但是在这些传统的课程当中，每一种课程所需要学习的仅仅是本学科的知识点，这些学科知识被孤立地、分散地学习，且由于长期的教育所带来的惯性，学生很难综合运用各个学科的知识，更不用说将所有的知识融会贯通。鉴于此，国家推出了综合实践课程，目的就是将各个学科所学的知识进行综合，使所学的各门知识融会贯通，这是一个长期且艰难的过程，但会对我国综合人才的塑造起到非常巨大的作用。综合课程的内容从不同的角度可以分为学科中心整合模式和学生中心整合模式。以学科为中心的课程整合在发展的过程中不断受到批判与质疑，因此学生中心整合模式成为综合课程的主流模式，该模式超出学科的界限，不是简单地讲授课程的内容及知识，而是充分调动学生的积极性，将一些重大的事件引入学习设计而进行学习的一种方式。这种方式有助于增强学生和社会之间的联系，并且要求学生在学习的过程中，有意识地运用一门学科或多门学科就同一个事件进行分析。

针对学科综合的学习设计，目前有以下三种观点得到了众多研究者的认同。首先是知识的综合，其次是学习者经验的综合，最后是教育的社会本位的综合。知识的综合，顾名思义就是各学科知识之间的联系，在学习一门学科的时候要与其他学科进行联系，从而使学习更加有趣；学习者经验的综合，即在传授知识的过程中要了解学习者的知识情况或经验情况，尊重学习者的兴趣爱好，要因人而异地进行教育；教育的社会本位的综合认为教育担负着改造世界的责任，教育要为社会教育人才，对社会上的主要问题进行综合整理，并且主张教师和学生通力合作，完成对社会人才培养的责任。

学科融合的学习设计有非常重要的现实意义和理论意义。随着我国经济的发展，我国对人才的需求也越来越大，要求我们的学生不仅能够掌握基础的知识，还要具备综合素质和综合能力，能够打破各学科之间的限制，在学习过程中增加对知识的联系性的认识，使学生对世界的整体性认知得到提高。一个人只有对各种知识融会贯通，才能够打破片面认识事情的局面，客观全面地看待问题、解决问题。

12.2.2　国内研究现状

现代教育起源于国外，发达国家在教育发展方面一直走在世界前列。在学科融合的学习设计的表达方面，不同的国家有不同的表述，但通常包括"综合"和"学习"或"设计"等关键字的两个方面，且其研究内容是一致的，教学目标也是一致的。20世纪初，课程整合运动在杜威教育理论的引领下开展，80年代综合课程与分科课程逐步融合，使综合学科课程得到了发展，后又经过活动课程与前两者的结合，建立了综合实践活动课程的开展模式①。21世纪以来，社会发展呈现国际化、全球化、信息化的特点，知识体系不断出现新的分化与综合。综合学习越来越受到关注，对学科知识的学习以及活动课程的深化也起到了良好的促进作用；在课程结构上也呈现课程综合化的趋势，世界各国大多尝试开设与我国综合实践活动相类似的课程，如美国的综合化课程和被综合化课程、日本的综合学习时间、法国的研究性课程和"有指导的学生个人实践"课程、德国的自由学习等。

在我国，从中华人民共和国成立初期到1958年，学生的活动课程主要是课外活动。20世纪80年代以后，课外活动逐步发展为活动类课程，活动课程的价值被逐渐肯定。综合实践活动这一概念的首次提出是在2000年的《全日制普通高级中学课程计划（实验修订稿）》中，2001年的《基础教育课程改革纲要（试行）》明确指出了综合实践活动的四大领域。政策出台后，本着先试验后推广的原则，综合实践活动

---

① SANDERS M. STEM education, STEM mania［J］. Technology teacher, 2008, 68（4）: 20-26.

开始进入实践阶段。后经过十余年的实践总结和问题反思，2017 年教育部颁布了《指导纲要》，从政策上保障课程的实施，突出了综合实践活动课程的地位，也重新对综合实践活动的性质作了更加清晰的表述①。学科融合的学习设计就是在这样的背景下逐步得以发展的。

通过归纳和分析，我们发现关于学科融合的学习设计主要是从以下四个方面进行研究的：

其一是对学科融合的学习设计研究，特别是课程设计的内涵特点及价值取向的研究。自学科融合的学习设计这一概念被提出以来，研究者便从不同的维度对其内涵进行了解读。可以说，不管从哪一个维度去分析学科融合的学习设计的价值，专家们最后都回归到了实际生活中，落到了人本身，即学生个人，这一出发点和落脚点的回归也是新课改的思想体现。

其二是对学科融合的学习设计领域中开发与主题设计的研究。首先学习主题的设计要有一定的依据，对此提出选题则需要考虑学生的愿望与兴趣、学生的年龄特点、知识经验和课堂资源情况，需要研究变化的时代、课程目标以及课程性质同主题设计的关系。而关于主题生成的方法，有研究者提出采用递进式、综合式、探究式等具体方式来生成主题，还有研究者从个人研究问题的构思、表达和交流、研究问题的精致化以及小组团队的形成三个阶段来生成主题等。

其三是学习活动实施的研究，包括师资建设和实施模式的研究。师资建设是学科融合的学习设计实施成败的关键，已有的研究大概包含教师角色的转变以及提高教师自身能力这两个方面。学科融合的学习设计的成败与教师有很大关系，如何更好地完善学习活动的开发与实施，师资队伍的建设有着不可小觑的作用。而在实施模式方面，有研究者基于实践经验概况提出了多种实施模式。有研究者从学理角度建构出了学科融合的学习设计实施的多元动态复合模式。

其四是学习活动管理与评价方面的研究。学校管理是学科融合的学

---

① 中华人民共和国教育部. 基础教育课程改革纲要（试行）[R]. 北京：中华人民共和国教育部，2001.

习设计实施的重要保障。已有的研究成果大致聚焦三个方面：第一，学校应该制定具体措施进行统筹规划；第二，建立指导教师团队，建设课程资料库和实践基地；第三，学习活动的设计实施需要全体师生创造适合学生有效开展活动的新文化。总之，随着 21 世纪的到来，各国纷纷推出旨在适应新世纪挑战的课程改革举措，我国也顺应国际课程改革的大背景，设置了综合实践活动课程，实施学科融合的学习设计，其目的是改革单一课程的知识结构，同时也为了帮助学生在反思、体验生活的过程中学会生活、热爱生活[①]。由此开始，学科融合的学习设计作为一个新的研究热点，会在未来产生更丰硕的成果。

12.2.3　相关理论基础

1.《中小学综合实践活动课程指导纲要》

纲要指出：综合实践课程的开展有指导纲要的支持，它要求学生能够积极主动地参与到活动中来，通过积极的实践活动，促进自身能力的提高[②]。在课程的实践过程中最重要的是发挥学生的主观能动性和创造性，提高学生的创新能力和动手能力，为我国课程改革的进行奠定基础。

2. 当代教育观、教学观、课程观

教育观：教育的本质是让人能够成为人，能够在这个世界上健康快乐地成长。在教育的过程中，要让人能够认识自己，并且树立人的价值感，使人对这个社会有归属感，教育的最终目的是使人类生活越来越幸福。

教学观：教学观在本质上是一种师生互动的过程，教师引导学生，让学生能够快速地理解并记住一些知识，但是在这个过程中，教学应该是有启发性的，而不是填鸭式的。

课程观：教师教学是在教师和学生的互动过程中完成的，而不是教师制定课程、学生学习课程这样简单的流程。在学习课程的过程中，师

---

① 赵慧臣，唐优镇，姜晨. STEM 教育理念下中小学综合实践活动课程的实施路径［J］. 数字教育，2018，4 (6)：51—56.

② 中华人民共和国教育部. 中小学综合实践活动课程指导纲要［EB/OL］. http：//www. gov. cn/xinwen/2017－10/30/content_5235316. htm.

生会遇到非常多的意外状况，很难按照一个固定的模式进行下去。因此，课程学习也不是一个简单的学习过程，而是一个创造的过程，一个实践的过程。

3. 杜威的教育思想

杜威是一个伟大的思想家，他的教育理论和哲学思想曾影响了几代人，杜威是实用主义哲学的开创者。他说，教育就是生活，生活就是教育，最好的教育来自哪里？来自生活的历练。一个在生活中成长起来的人，他在生活的挫折困难中悟出的道理比起那些仅在书本上看到这个道理的人的体悟要深刻得多。

12.3　案例：　生物柴油的制备

1. 案例说明

案例来自 SCI（《科学引文索引》）收录的名为 Journal of Chemical Education 的期刊论文①，案例的学习活动是生物柴油的制备，该主题融合多个学科的知识。随着石化燃料的使用，空气污染和气候变暖等环境问题日益加重，寻找替代燃料迫在眉睫。生物柴油是一种很好的替代燃料，可以由藻类油脂或废弃食油等原料制得。在生物学科中，学生通过学习生物柴油的不同来源，研究藻类生长的适宜条件，从而理解光合作用和生物柴油的生产。在化学学科中，学生学习酯基转移反应后，可以以废弃食物油为原料制备生物柴油，同时学习能量变化和化学计量学等概念。在物理学科中，学生分析生物柴油的效率，并通过柴油机来分析生物柴油的热量和能量转移。表 12-1 展示了以生物学科和化学学科为例分析该活动的流程。

---

① LIAW S S, HUANG H M. Perceived satisfaction, perceived usefulness and interactive learning environments as predictors to self-regulation in e-learning environments [J]. Computers & education, 2013, 60 (1): 14-24.

表 12 – 1　学习活动流程与内容

学习活动流程		学习活动内容
活动准备	识别问题和制约因素	1. 在实验室中，什么温度和光照条件下藻类的光合作用效率最高 2. 探索以藻类为原料制造生物柴油的过程 3. 藻类油脂的产量是多少
	活动所需材料	藻类样品、试管和试管夹、移液管、带有彩色滤光器的光源、光学显微镜及盛放样品的湿片、氧传感器、水
活动实施	探究知识	1. 光合作用的过程 2. 探究光合作用率最高情况下藻类生长的光照和温度条件 3. 从藻类得到生物柴油的过程
	设想和分析观点；建立模型	1. 准备 8 个试管，每 2 个试管放同一种藻类，共有 4 种藻类 2. 用溶解氧传感器测试每个试管中藻类样品的初始含氧量，制作用于显微镜观察的样品湿片，之后测试自来水的含氧量，并以此作为对比 3. 把每个试管中的样品平均分配在更多、更小的试管中，把这些试管放置在不同的温度和光源条件下，记录溶解氧含量，在显微镜下观察每种藻类的形状和颜色 4. 从藻类中提取油脂
活动评价	产品性能	1. 藻类产生氧气的量 2. 用藻类油脂生产生物柴油的效率
	测试和优化	1. 可以让学生思考对有大片藻类养殖场的偏远地区的潜在经济影响 2. 可以让学生分析使用不同藻类油脂生产生物柴油的成本效益和目前使用的燃料的成本效益
	沟通和反思	用藻类油脂制出大量的生物柴油在高中学校是不可行的，因为高中学校缺乏资金和合适的设备，但可以与大学的工程项目合作

从表 12 - 1 可以看出，该生物课中以"用藻类油脂制备生物柴油"工程为基础设计学习活动。在现实生活中，工程师可以用不同的方法生产大量生物柴油，并且设计一种能够从植物中获取最多油脂的方法来获得最多量的生物柴油。

2. 案例分析

当学生认识到他们制得的生物柴油能够驱动车辆时，他们就会感受到自己制得的是真实的柴油。学生通过这节课至少能学到五个化学学科知识：燃烧、中和反应、化学反应方程式、根据化学反应方程式确定反应物的摩尔比、解决涉及质量的化学计量问题。学生在活动中理解这些内容比教师用讲授法把知识传递给学生更加有效。学生在活动中用到了中和滴的化学方法，用到了热量计等技术，同时需要统筹从处理化学反应物开始到计算产物生成量等一系列活动。围绕"用藻类油脂制备生物柴油"这一工程问题，学生同时学习了科学、技术和数学的知识。

3. 思考与总结

学科融合的学习设计在教学进程中不断演变，但始终以两个或两个以上的学科融合和渗透为主线，创造多样化的学习活动。目前学科融合不仅有了相关理论的支持，还在逐步成为一种趋势，并有跨学科教育、学科整合等类别之分。研究者后续应遵循学科融合基本原则和发展趋势继续深入研究探索，将其更有效地应用到课堂教学、综合实践活动、研学旅行等教育活动中。同时，学科融合的学习设计的主旨在于让学生在学习过程中提升自己的综合素质，充分发挥学生的潜力，培养其独立思考和实践的能力。将学科融合的指导思想与知识内容的学习相结合有效地弥补了课堂教学的不足，是现代教育走向多元化、融合化、实践化的必然趋势。

参考文献

［1］范燕瑞. STEM 教育研究——美国 K-12 阶段课程改革新关注 ［D］. 上海：华东师范大学，2011.

［2］顾明远. 用项目式学习方式培养学生的创新思维和综合能力 ［J］. 中小学信息技术教育，2017（9）：1.

［3］黄晓，李扬．论 STEM 教育的特点［J］．江苏教育研究，2014（15）：5－7．

［4］蒋雨华．对新课程背景下探究性教学的几点思考［J］．中国教育学刊，2005（11）：45－47．

［5］李克东，李颖．STEM 教育跨学科学习活动 5EX 设计模型［J］．电化教育研究，2019（4）：5－13．

［6］李谦，赵中建．美国中小学实施 STEM 教育个案研究——以北卡罗来纳州科学和数学学校为例［J］．外国中小学教育，2014（5）：55－60．

［7］李松柏．社会调查方法［M］．咸阳：西北农林科技大学出版社，2011：115．

［8］李欣．《K-12 STEM 教育通用评估体系》翻译报告［D］．洛阳：河南科技大学，2015．

［9］李业平，王科，肖煜．STEM 教育研究的现状和发展趋势：综述 2000—2018 年间期刊发表的论文［J］．数学教育学报，2019，28（3）：45－52．

［10］王娟，吴永和．"互联网＋"时代 STEM 教育应用的反思与创新路径［J］．远程教育杂志，2016（2）：90－97．

［11］王琼．在项目式学习中培养中学生创造力的实证研究［J］．当代教育理论与实践，2012，4（12）：50－52．

［12］赵慧臣，陆晓婷．开展 STEM 教育，提高学生创新能力——访美国 STEM 教育知名格雷特·亚克门教授［J］．开放教育研究，2016（5）：4－10．

［13］赵慧臣，唐优镇，姜晨．STEM 教育理念下中小学综合实践活动课程的实施路径［J］．数字教育，2018，4（6）：51－56．

［14］中华人民共和国教育部．中小学综合实践活动课程指导纲要［EB/OL］．http://www.gov.cn/xinwen/2017－10/30/content_5235316.htm．

［15］中华人民共和国教育部．基础教育课程改革纲要（试行）［R］．北京：中华人民共和国教育部，2001．

［16］张嘉．综合实践活动课程和校本课程整合开发与实施的实践研究［J］．教学与管理，2015（9）：33－36．

［17］朱丽娜．STEM 教育发展研究与课程实践［D］．南京：东南大学，2016．

［18］张泽晖．zSTEM 理念下面向小学生的工程思维培养活动模型设计与实践研究——以小学科学课为例［D］．保定：河北大学，2019．

［19］SANDERS M. STEM education, STEM mania［J］. Technology teacher, 2008, 68（4）：20－26．

第 13 章　文化嵌入与学习

13.1　文化嵌入及其理论

13.1.1　文化嵌入的概念

"嵌入"指一个系统有机结合进另一个系统之中，或者指一事物内生于其他事物之中的客观现象（张依、裴学进，2021）。文化嵌入的理论最早起源于经济学中的"嵌入性理论"，在后来的研究中嵌入性被分为关系性嵌入和结构性嵌入两种形式，"嵌入性"理论具体化了，这使得"嵌入性"理论被延伸运用在社会学、管理学与教育学等研究领域。同时"嵌入性"研究被进一步细分，根据被嵌入的要素产生了关系嵌入、结构嵌入、政治嵌入、历史嵌入、文化嵌入等理论[①]。而后，在格兰诺维特理论基础上补充了另外三种嵌入观，即个人的经济行为受到"认知嵌入""文化嵌入""政治嵌入"的影响。其中，认知嵌入是指个人的经济决策和行为受到自己原有的社会认知经验的影响；文化嵌入是指个人的理性经济行为受到来自价值观、宗教信仰、共有信仰及传统惯例等社会文化因素的制约。波兰尼在 1986 年提出，人类的经济是嵌入在经济与非经济制度当中的，非经济制度在人类经济领域发挥的作用和经济制度同样重要。

在教育领域中，相关研究者的观点基本趋同，他们认为文化嵌入就是借文化与组织或个人的结构互动、关系互动来塑造行动主体的行为方式。教育的文化嵌入可以理解为教育对文化模式的认同和适应，具体体现为学校组织通过文化活动，熏陶和感染学生，使其从"非文化人"

---

① 潘炳超，陆根书. 社会嵌入对大学生创业意向的影响：创业自我效能的中介作用［J］. 复旦教育论坛，2021，19（1）：67 - 74.

转变为"文化人"。而文化嵌入的反面，即文化脱嵌，它并不是以绝对的方式存在，任何一个国家的教育都是其所处政治、经济、文化和社会生活的体现。通常来说，教育领域中的文化嵌入主要有以下三方面，即文化嵌入的"速"、文化嵌入的"量"和文化嵌入的"度"；而常见问题则表现为文化嵌入速率的不均衡，时空上的不平衡，程度上的不充分或过度嵌入①。

13.1.2 文化嵌入的产生背景

"嵌入性"概念最早在 1968 年由经济史学家 K. Polanyi 提出，他批判新古典经济学过于绝对的理性经济人假设，从社会化的角度将社会因素引入经济行为的分析中，用以解构经济生活的"合法性"。1985 年，美国社会学家马克·格兰诺维特（Mark Granovetter）在其发表的《经济行动和社会结构：嵌入性问题》一文中重构了嵌入性这一概念，进一步论证"经济行为嵌入于社会结构"的观点，从而把社会学与经济学有机地对接起来，奠定了嵌入性的理论基础。之后，在众多研究者的不断探索下，嵌入性逐渐形成了较为完善的理论体系②。嵌入性概念强大的概括力和解释力使其具有普适性的价值和意义，成为当代社会科学领域中最具影响力的一个跨学科理论工具，广泛运用于战略管理、组织绩效、创新理论等领域的研究。文化嵌入性是指传统价值观、宗教信仰、共有信念、传统惯例等社会文化因素对组织经济行为的制约与影响。文化嵌入性主要关注共有信念、价值观和传统惯例等对组织经济目标实现的促成机理③。通常认为，社会文化包括结构性文化和规则性文化两大类。Hagedoorn（2006）通过研究发现，处于不同社会文化环境中的组织在进行业务合作选择时各自的倾向也不同。尤其是不同国家的

---

① 王光利. 基于"嵌入"理论的高校思政教育教学改革创新与实践——以中国传统文化类课程为例 [J]. 当代教育实践与教学研究，2020（06）：197 - 199.

② 吴忠良，陈惠津. 传统文化教育课程嵌入性：基本框架与实现策略 [J]. 教育科学研究，2021（1）：62 - 66，72.

③ 刘静，戴钢书. 嵌入性理论视域下高校创新创业文化建设路径探索 [J]. 学校党建与思想教育，2020（18）：17 - 19.

组织，其业务合作选择倾向具有显著差异①。近些年来，该理论引起教育理论界的关注，其基本原理与分析方法被移植于教育政策、学校治理、主体性教育、创业教育等问题研究，初步显示其在教育理论研究中的借鉴价值。

从广义的文化定义来看，文化包括一个社区成员所持有并共享信念、价值观、目标、风俗和行为的整体或体系。根据文化嵌入理论，当文化被嵌入学习内容设计时，文化因素的导入应当服务于教学，学习内容的设计需要考虑学习者、教学内容、教学实践活动、教师等因素的相互作用。基于文化嵌入的学习设计与传统课程在教学内容与教学实践活动中的教学目标、课程设置等方面上有本质的区别②。首先，文化因素在嵌入教学设计的过程中，应当为学习者创造相应的学习环境，辅助学习者理解所学内容，使学习者更好地参与到学习当中；其次，文化嵌入在学习内容设计上应当广泛而深入，教学内容彼此之间应当有所关联，并根据教学实际情况而灵活应变；最后，在学习内容设计时，文化嵌入的设计要引导学生的主动性与积极性，对所学的内容产生兴趣，强调学生学习主体性行为。

13.2 　文化嵌入学习的基本内容

在教育领域谈文化嵌入不是一个新鲜的话题，但如何更合理地进行这一实践仍然需要实践者和研究者进行深入细致的探究。在这一过程中，研究者将文化嵌入活动中的核心要素划分为嵌入主体和嵌入客体两类对象，嵌入主体可以是某个教学机构，如学前教育、小学教育、高等教育、高职教育、农村教育等，也可以具体到学科教学、专业教学、美育教学、具体课程，如语数英这种普通必修课程和特色专业课程等；而嵌入客体多为文化，如传统文化、礼乐文化、红色文化、商业文化、乡土文化、农耕文化、校园文化等，或者教学理念，如嵌入学习理论、文

---

① 居继清. 革命文化"嵌入"大学生第二课堂活动探析 [J]. 学校党建与思想教育，2020 (6)：89 – 91.

② 徐锦霞，钱小龙. 多元文化视野下高等教育中的通用性教学设计研究：基于美国的经验 [J]. 现代大学教育，2013 (2)：52 – 56.

化嵌入式思维等。嵌入主体与嵌入客体之间相互影响、相互作用，一方面，文化嵌入取决于嵌入主体对嵌入客体的接受程度与适应程度；另一方面，这一嵌入过程所产生的互动又将改变嵌入主体对嵌入客体的认同。

13.2.1　国内文化嵌入教育的实践

近年来，以传统文化为嵌入客体的相关研究较多，有代表性的如下：

1. 传统文化嵌入教育

目前在国内的相关研究中，研究者尝试将传统文化以嵌入式的方式与教育课程相结合，这是文化嵌入在教育学领域研究的主要方向之一。如彭拥军（2018）从流动儿童教育处境的角度对传统文化嵌入流动儿童教育进行了研究，认为传统文化嵌入教育有利于流动儿童产生归属感，在文化学习的过程中地方文化差异会给交流合作带来障碍，也会给不同文化间的交流、学习、借鉴、移植和进步带来诸多机会或可能；同时，在设计学习内容时，教师应当理解不同地区的文化并尽可能地将其进行融合，避免学习者在接纳知识时产生阻碍，进而引发学习者的消极情绪，这样不利于教育环境的搭建。在对传统文化进行嵌入设计的研究中，实践者们需要通过以高度融合、厚度结合、深度契合为主要特征的"嵌入式"教育模式，对中华优秀传统文化的基本内涵进行解析，并尝试提出传统文化嵌入课程中的基本框架与实现策略①。

将传统文化嵌入教育实践，对教育环境进行改良和优化也是重要的环节。贺修炎（2019）将文化嵌入理论运用在书院文化空间的重构中，在理论上尝试"再嵌入"传统文化基因和通识教育理念，做到"体、用"一致，"神、形"兼备；在实践中则应围绕导师制、通识课程和社团活动等方面开展制度创新，推进"书院—学院"双院制协同联动的育人模式的落实。

2. 红色文化嵌入教育

红色文化是我国学校教育中得到传承和发扬的文化体系，相关的研

---

① 阮环阳，林夏艳，戴冬燕. BOPPPS 模型在有机化学实验教学中的实践［J］. 实验技术与管理，2020，37（3）：215–217.

究者关注这一传承的方式和策略。居继清（2020）在研究实践中把红色文化"嵌入"大学生第二课堂活动之中，遵循思想政治教育规律，通过实行导师制、确立多主题、覆盖全领域、实现一体化等举措来加强大学生对于红色文化的认识[①]。孙淑秋（2019）提出红色文化应当嵌入思想政治课中，从嵌入的点、嵌入的素材和嵌入的方法入手提升思想政治课的育人实效，认为在文化嵌入时嵌入学习内容设计的点需要有针对性与时效性；嵌入的素材需要有典型性、真实性与代表性；嵌入的方法应当具有多样性，采用讲授、研讨、参与、体验、情景等多种方式方法来提高学习效果。

3. 地方乡土文化嵌入教育

一方水土孕育一方乡土文化，乡土文化同样是重要的精神财富。诸多研究者关注新时代乡土文化嵌入教育的相关实践，如有学者以浙江省温州市泰顺县为例，研究当地农耕文化嵌入农村社区教育的路径（陈李花、陈大拱，2019），该研究认为，在路径思考层面，需要设立协同联动平台，统筹教育资源，活化教育资源，树立农耕文化自信，进而彰显人文特性，发挥村落的教育价值。在实践操作层面，彰显农耕文化，宜人宜事宜时，如"泰顺百家宴"活动融入了木偶表演、碇步龙等民间非遗文化；开发特色课程，打造特色品牌，如"茶叶之乡""廊桥之乡""非遗文化之乡"；引进本土专家，注重人才储备，如组建由离退休干部、教师、本土专家等构成的社区教育志愿者团队，同时引进高校的专家教授进行培训，以此提高本土专家的素养；传承创新文化，做到精准发力，如"乡村艺术团"利用节假日送戏下乡，另外在中小学校引入茶艺、篆刻、国学等传统文化；促进产业融合，助力乡村振兴，如将廊桥文化旅游节、百家宴、三月三瓯越畲族风情节打造为旅游业的宣传名片。

将乡土文化嵌入课程设计、第二课堂或思政教育，是研究者关注较多的实践，如李宇征和刘美麟（2020）探讨将乡土文化嵌入高校思想

① 居继清. 革命文化"嵌入"大学生第二课堂活动探析［J］. 学校党建与思想教育，2020（6）：89 – 91.

政治教育工作的路径。研究发现大学生重工轻农、重城轻乡的错误理念由来已久，该研究主要围绕着问题、路线以及策略进行探讨，总结出核心观点分别为：①当前存在理论与实践的脱节和宣传话语替代教学话语这两个问题；②乡土文化教育嵌入高校思想政治工作，既包括乡土文化在传承中实现创新性发展，也包括高校思想政治工作主动进行创新改革；③坚持言传身教策略。应将高校所在地的民间艺人特别是非物质文化遗产的传承人请入高校，还要创立"文化传承基地"，设立民间艺术实验室，让学生亲自参与和体验传统戏曲、民间剪纸、小型陶瓷器的制作等民间传统工艺。

4. 创新创业文化嵌入教育

创新创业是我国倡导的以期保持社会主义市场经济体系活力的重要举措，由此衍生的创新创业文化也备受关注，特别是在高等院校的课程体系中，这类文化的嵌入能够促进学生创新创业意识的提升。在相关研究中，张培（2016）提出借助校企深度合作的契机，引入文化嵌入机制，将高职院校的知识学习和企业所具有的管理体制与价值观念相结合。研究指出，高职院校应该创新校企合作体制机制，围绕战略协同、文化嵌入和共同治理三大支撑维度，构建校企合作运行的保障条件和长效机制，促成高等职业教育人才培养机制创新和校企合作主体协同创新，促进多方共赢、共生发展。刘静和戴钢书（2020）对嵌入性理论视域下高校创新创业文化建设的路径进行了探索，提出创新创业教育的根本任务在于文化生态的建设①。在文化嵌入的路径设计方面，王启龙、于长东和金满文（2017）以嵌入性理论为基础，通过构建"文化—关系—认知"分析框架，从宏观、中观和微观三个层面分析职教集团内资源共享的动力因素，并相应提出优化与推广集团文化、提高集团成员对集团组织的认同、固化与拓展成员间的信任关系等增效资源共享的路径设计。

---

① 刘静，戴钢书. 嵌入性理论视域下高校创新创业文化建设路径探索 [J]. 学校党建与思想教育，2020（18）：17－19.

本节选取的案例阐述了企业单位中文化嵌入的实践①。

研究者在实践中发现，职教集团内部存在的文化、关系和认知三种嵌入性，共同影响着集团成员的资源共享与学习行为。首先，三者均有助于集团组织认同的建立，集团组织认同能促进成员资源的共享；其次，文化嵌入性在促进集团组织认同的同时，直接影响成员的资源共享和学习行为；再次，认知嵌入性并不直接影响资源共享行为，而是通过集团组织认同起间接影响的作用；最后，关系嵌入性也并不直接影响资源共享行为，其在促进集团组织认同的同时有助于成员间信任的产生，而信任影响成员的学习行为，这三种嵌入性存在相互作用（见图13－1）。

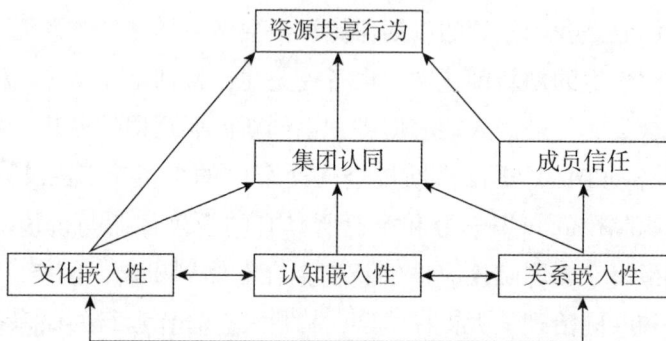

图13－1　"文化—关系—认知"三种嵌入的关系

资源共享作为职教集团成员学习互动的核心行为，需要以集团文化为基础，在成员间建立一种普遍的组织认同。文化嵌入性有助于集团组织认同的建立，从而维护成员稳定性。通过集团规则在成员之间传播集团的价值理念，以规范和约束集团成员的行为。资源吸引和集团规则的约束使得个体表现出对集团的依从，即在道德上觉得有必要遵守集团规则，并以此带来对自身的正向评价，促进成员个体更加愿意遵守集团规则。在此过程中，集团文化又起到了同化成员认知、促进建立集团认同的作用。因此，文化嵌入性直接影响集团成员的学习成长及资源共享

---

① 王启龙，于长东，金满文. 职教集团资源共享：动因分析与路径设计——基于"嵌入性"理论的分析框架［J］. 现代教育管理，2017（2）：91－96.

行为。

在实践中，文化嵌入性主要以约束成员行为的规则形式出现。比如，某单位加入一个职教集团，若要分享成员的资源或是共享自有资源，则必须接受集团规则，申请成为集团成员，并且遵循集团的运行制度才能实现。此时，集团规则发挥着规范成员个体行为的作用，其形式主要有集团章程、发展规划与理念等，这些规则作为文化嵌入的具体载体共同形成集团文化。当集团成员认可并共同促进共有信念和价值观的形成，一种普遍的对集团的组织认同建立起时，成员间的资源共享行为才能发生。也就是说，成员共有的信念和价值观以文化的形式嵌入到集团成员的学习活动中，并规范和约束集团成员的行为。

从实际效果来看，文化嵌入增强彼此的信任关系，关系网的信任强度将固化与优化集团文化。集团文化的不断传播与渗透会激发成员共享行为的发生，一旦资源共享成功，其经验必会激发受益方"信任"关系的形成。当越来越多的成员发生共享行为并取得成功时，集团内的关系网强度随之增大，进而促进集团文化的传播和固化，并在丰富的经验中不断优化集团文化，更为有效地规范和约束成员行为，从而进一步对集团共享文化起到固化和优化的双重作用。

从成员个体来看，文化嵌入直接影响个体的学习行为，并影响成员间集团组织认同的形成，因此优化和推广集团文化，深化成员的文化嵌入是促进资源共享行为发生的首要路径。基于这一视角反思现有职教集团内的文化结构，不难发现目前存在两种价值取向的文化：一种是以保护资源独立性和技术保密性以实现利益最大化的企业文化，另一种是通过资源共享实现人才培育高质化的职业院校文化。由于目前绝大多数职教集团是职业院校牵头，难以获得独立法人身份，即便是部分集团注册为"民办非企业"等社会组织，也难以形成与企业相似的通过资本运营获利的实体组织，这就使得职教集团内部文化的价值取向更倾向第二种。在实践中，职教集团可参照企业集团管理模式，逐步形成具有自身特色的集团文化，主要包括制度文化、精神文化和行为文化，并注重制度文件的规范化和科学化，逐步增进企业成员对集团文化的价值认同。在精神文化方面，集团可根据自身特点，提炼、总结出文字表述型的集团精神文化内核，利用集团门户网站宣传推广集团发展理念、发展战略等，开发具有集团标识、集团标语、集团文化标志、集团门户网站的手袋、宣传画册或其他办公文具用品等，在成员间和集团外部宣传和推广集团共享的精神文化。同时，在行为文化方面，以集团的名义定期举办年会、发展论坛、高层论坛、合作论坛、专题研讨会、技能大赛、科研立项、研究成果奖评审、主题论文征集等活动，搭建各类资源共享平台，促进各类资源的共享，同时集团秘书处要定期制作集团简报，逐步塑造集团的共享行为文化。

13.2.2 国外文化嵌入学习的实践

1. 互联网文化嵌入学习

研究者在教育、商业、语言等领域对出国留学进行了研究，研究者意识到需要充分讨论出国留学项目中的外国网站如何发挥了学习环境的作用，以促进学生对各学科领域的深入学习。一所涉及国外学习项目的公立研究型大学的 12 名受试者接受了访谈。研究者还收集了与受试者旅行有关的课程大纲和旅行计划等文件，并对数据进行归纳分析。研究结果表明，外国网站作为学习环境支持学生的学习，内嵌了互联网文化，成为重要的学习支撑，表现为：①提供非线性的线索，从不同角度理解新知识；②提供上下文以理解知识概念背后的含义；③提供将事实与抽象知识联系起来的节点；④创造了一个激发情感依赖的学习空间。

2. 教育模拟支撑文化嵌入学习

与其他教学方法一样，传统课堂教学也有其优势和局限性，这些已经在文献中得到了很好的记录，并继续成为研究和讨论的来源。研究人员感兴趣的一个问题是：在传统的课堂环境中，真实世界的学习经验非常有限（Duffy & Cunningham，1996）。大多数情况下，课堂上呈现的内容与现实环境往往脱节，课堂上传授的知识往往只存在于课堂和学校的环境中，而不是知识产生的环境中，这种背景二分法已被证明会对学习过程产生负面影响，尤其会对学习者的动机产生负面影响（Henning，1998）。同时，现实环境中的情境学习对学习动机有积极影响（Duffy & Cunningham，1996）。如何将现实世界中的情境学习的好处带到传统课堂中？对此，教育模拟可能会提供一种解决方案（Hung & Chen，2002）。

欧洲各国医学教育学会的一系列研究实质上证明了模拟分层训练的潜力巨大,《本科医学教育标准》和《本科中医学教育标准》中明确相关的术语概念与使用标准,将模拟教学使用的 0—5 层级和教师或学生主导传递模式列入实践教学方法,不同类型的模拟可以用两种不同模式描述:一种是实例、技能和标准操作,另一种是基于场景的模拟活动。模拟教学法的实质是将医学生置于一个真实的模拟环境中学习一种病例,而医者文化的嵌入不仅真实还依赖于学生的想象和现有知识,有意识地在大脑中重塑可能发生的行为。欧洲国家运用这一教学手段已有近十年的时间,比较成功的案例有医学护理模拟学会(Society for Simulation in Health Care)、欧洲医学模拟应用学会(Society in Europe for Simulation Applied to Medicine)、英国医学模拟协会(UK National Association of Medical Simulators)等进行的一系列教育实践。

13.3 文化嵌入学习的价值与意义

13.3.1 文化嵌入课程能够增强国民凝聚力

2017 年,教育部印发的《中小学德育工作指南》明确把文化育人列为德育工作的六大实施途径之一,这些政策文件是学校加强文化育人的重要依据。中华民族五千年的文化博大精深,对学生的"成人"教育,如审美情趣、道德情操、社会责任、民族精神、国家情怀等品格素养的培育与养成具有不可替代的重要作用。文化嵌入式的学习内容设计能够提升学生的爱国热情,要将传统文化教育的"成人"价值和社会意义嵌入教育利益相关群体的课程观念中,关键在于增强他们的文化自觉[①]。

增强教育领域的文化自觉,加强传统文化教育,回归"以文化人""人文化成"的教育理念与传统,是亟待广大教育工作者热切关注和不懈探索的重大理论与实践课题。传统文化与红色革命文化嵌入课堂当中,能够协助高校开展立德树人的任务,体现高校的育人功能;文化

---

① 姜艳玲,李静. BOPPPS 模型在微课教学中的运用研究 [J]. 基础教育课程,2018(6):66-72.

"嵌入"大学生第二课堂活动，有利于增强高校校园红色文化底蕴、做实高校理想信念教育、提升高校第二课堂教育实效。同理，现代大学应以学生为本，培养完整健全而非割裂的人，然而至今并未开发出有效的课程和活动，人文精神日渐式微、通识教育识而不通①。如何建设大学的文化空间，发挥高校的文化功能？"再嵌入"高校的传统文化基因和通识教育理念，在现代高校的更新和改造中既尊重民族文化本身，又借鉴欧美的寄宿学院制度，创造性地传承和转换高校的文化空间而非单纯的物理空间是现代大学建设的必由之路。

在流动儿童教育处境优化的问题上，文化嵌入能够起到协助作用。判断流动儿童教育处境是否真正优化的重要试金石，就是流动儿童是否被成功地嵌入特定的社会结构中，是否顺利实现了社会接纳和自我认同。具体而言，则需要针对儿童教育在文化嵌入、生活嵌入、语言嵌入和制度嵌入等问题设计相应的学习内容。

13.3.2 文化嵌入有利于推动高校教育改革

目前，鼓励和支持大学生自主创业已经上升为国家战略，对促进我国经济社会实现"稳就业、保增长、调结构、促发展"的宏观政策目标具有重要意义。然而，从整体上来说，我国大学生的创业意识还不够强，当然也不是一定要让毕业生去创业，关键还是要改变求学只为做高级打工人的思维，培养创新意识、创业意识。企业文化、创新创业文化要嵌入高校的人才培训体系中，文化嵌入类课程也亟待开发。在高校创新创业文化建设实践中，以嵌入性理论为视角，研究高校组织和企业组织在创新创业文化建设中的共生和发展关系具有一定的适切性。首先，加强高校创新创业文化建设是丰富创新创业教育内涵的关键举措。其次，加强高校创新创业文化建设是彰显创新创业教育专业度的本质要求。最后，加强高校创新创业文化建设是提高创新创业教育作用力的重中之重。文化嵌入促使高职院校和企业间建立起了高度的信任关系，形成了合作纽带，并在组织规则层面界定了校企合作的交往方式和运行方

---

① 王志山. 小学教学中"三级评价"方法应用的理论与实践［J］. 中国教育学刊, 2015 (S2)：256-257.

式，弱化了机会主义倾向，降低了交易成本，可以在一定程度上自主调整合作的关系边界，成为维持合作关系的必要条件和校企双方联合育人的基础①。

13.4　文化嵌入学习的发展趋势

嵌入性的本质在于组织的经济行为与社会体系间的相互引导、促进与限制的错综复杂的关系。嵌入性的内涵经历了多年的发展，逐渐从一般性的双边联系、多边联系发展到网络化的复杂联系。对文化嵌入学习的未来可以从两个方面入手研究：一是向系统整体方向发展，对复杂联系进行统计分析；二是从更微观局部着手，对复杂联系进行细分和测量。

首先，在系统整体方向发展时，未来的研究可以聚焦于文化嵌入对高校内部行为的影响。"嵌入式"教育涉及学校教学、管理、后勤等诸多方面，高校领导必须充分发挥其总揽全局、协调各方的重要作用，积极推进文化嵌入教学内容设计的全过程，构建全员参与、全员互动的教育格局，使文化嵌入式教育真正融入办学治校的各个环节，如内部研究投入、教学人员引进等，均可以展现文化嵌入学习更为完整的图景和更为全面的诠释②。

其次，从更微观的局部入手，这意味着需要将文化嵌入实际的学习内容设计中。加强"嵌入式"教学，有利于提升文化教育的质量和效果，是落实立德树人的根本任务、培养担当民族复兴大任的时代新人的必然要求，其不仅能够更加深入地贯彻落实习近平新时代中国特色社会主义思想和党的十九大精神，也能够为进一步坚定文化自信、建设社会主义文化强国提供重要支撑。文化嵌入不能仅仅停留在课堂，更要走出课堂③，将文化"嵌入"到学生的第二课堂活动，这是新时代摆在教育

---

① 程化琴，魏戈. 大学新生学习适应：问题表征与行动探索［J］. 教育学术月刊，2015（2）：73 – 80.

② 徐锦霞，钱小龙. 多元文化视野下高等教育中的通用性教学设计研究：基于美国的经验［J］. 现代大学教育，2013（2）：52 – 56.

③ POLANYI K. Primitive, archaic and modern economies: essays of Karl Polanyi［M］. Boston: Beacon Press, 1968.

工作者面前的一项责无旁贷的任务，需要我们持续深化，不断探索，勇于创新。

再次，身为教育实践者或研究者，我们在思考与设计文化嵌入的方案时，需要秉持"因地制宜""包容尊重"这两个原则，积极关注当地的文化特色与经济发展状况，利用当地优势资源，充分发挥本土文化资源的价值。当然，我们在实践中要注意，一方面不能陷入文化偏见的陷阱，理所应当地认为城市文化就优于乡村文化，一味地引进城市的素质教育方式和多媒体教学手段等，而忽略了乡村文化自身具备的、代代相传的优秀传统文化品质，这也是重要的精神财富。另一方面，我们还要注意避免文化专断性①。

最后，作为教育工作者，我们要保持批判意识（critical conscious-ness）并努力将这种思考模式传递给学生。比如贫困山区教育类的文化嵌入学习，教学者应该侧重在"怎么做（how）"这个层面，补充更多教学材料与学习资源，展示多样的自主学习渠道，转换教与学的位置，潜移默化地让学习者感知"学习有用论"，领悟：①学习是贯穿整个人生的；②教育选拔考试是打破社会阶层固化的方式；③学习能够赋予人一定的身份象征资本（就如同北京大学、清华大学的校友会）、经济资本（从学校步入社会成为一名职场人士）、社会资本（学校里积累的人脉）以及文化资本（丰厚的知识储备、对世界更高维度的认知）。教学者要顺畅完成由表现日常世界的感性经验（sensory experience）到借助课堂语言进行归纳，再到真实情境中实践知识的转变。

目前，文化嵌入理论受到越来越多研究者的关注，已经从新经济社会学领域向教育学领域发展，逐步形成了较为完整的理论体系。但是对比国际学术界的研究来看，目前基于文化嵌入理论开展的学习设计才刚刚起步，而在文化嵌入理论的基础上，将其作为办学的指导理念，真正将文化嵌入理论融入完整的教学内容乃至校园文化中的实践仍有待加强。这对未来的文化嵌入式学习的进一步研究提出了新的挑战。厘清文

---

① 文化专断（culture arbitrariness）指利用学校强制推广主导阶层认可的文化，文化专断的输入与产出都是为统治阶级所服务的。

化嵌入理论的本质及其发展演变历程，分析相关的实际学习设计案例，虽然可以在一定程度上明确其初步架构，但是随着理论与实证研究的深入，文化嵌入学习的教学方式必将取得更大的发展。

参考文献

[1] 边洪伟. 学习活动设计 "三基于" [J]. 思想政治课教学, 2020 (2)：49-51.

[2] 程化琴, 魏戈. 大学新生学习适应：问题表征与行动探索 [J]. 教育学术月刊, 2015 (2)：73-80.

[3] 陈权, 缪烨明. 基于社会嵌入理论的高校课程实施过程研究 [J]. 系统科学学报, 2020, 28 (3)：65-69.

[4] 居继清. 革命文化 "嵌入" 大学生第二课堂活动探析 [J]. 学校党建与思想教育, 2020 (6)：89-91.

[5] 姜艳玲, 李静. BOPPPS 模型在微课教学中的运用研究 [J]. 基础教育课程, 2018 (6)：66-72.

[6] 巨亚荣, 崔浩, 宁亚辉, 等. 基于 BOPPPS 模型的《大学计算机基础》课堂教学设计 [J]. 计算机工程与科学, 2019, 41 (S1)：134-138.

[7] 孔龙, 张鲜华. 参与式教学的国际借鉴与实施路径研究 [J]. 北京邮电大学学报（社会科学版）, 2015, 17 (5)：96-102.

[8] 刘静. 多媒体环境下社会主义核心价值观融入高校校园文化建设——评《新媒体时代议程设置嵌入高校网络思想政治教育研究》[J]. 中国科技论文, 2021, 16 (1)：124.

[9] 刘静, 戴钢书. 嵌入性理论视域下高校创新创业文化建设路径探索 [J]. 学校党建与思想教育, 2020 (18)：17-19.

[10] 潘炳超, 陆根书. 社会嵌入对大学生创业意向的影响：创业自我效能的中介作用 [J]. 复旦教育论坛, 2021, 19 (1)：67-74.

[11] 阮环阳, 林夏艳, 戴冬燕. BOPPPS 模型在有机化学实验教学中的实践 [J]. 实验技术与管理, 2020, 37 (3)：215-217.

[12] 王默, 王敏娟. 中美比较视角下在线教育的挑战与方法 [J]. 教育研究, 2020, 41 (8)：35-39.

[13] 吴永和, 刘博文, 马晓玲. 构筑 "人工智能 + 教育" 的生态系统 [J]. 远程教育杂志, 2017, 35 (5)：27-39.

[14] 王志山. 小学教学中 "三级评价" 方法应用的理论与实践 [J]. 中国教育学刊, 2015 (S2)：256-257.

［15］吴忠良，陈惠津．传统文化教育课程嵌入性：基本框架与实现策略［J］．教育科学研究，2021（1）：62－66，72.

［16］徐锦霞，钱小龙．多元文化视野下高等教育中的通用性教学设计研究：基于美国的经验［J］．现代大学教育，2013（2）：52－56.

［17］姚山季，来尧静，金晔．顾客参与驱动企业研发绩效的机制研究：组织学习视角［J］．科学学与科学技术管理，2015，36（5）：95－104.

［18］武正营，汪霞．大学生参与式学习质量的评价理念［J］．现代教育管理，2015（2）：61－65.

［19］朱阿娜．小学科学探究性实验设计的误区与对策［J］．教学与管理，2015（11）：49－51.

［20］赵旻．网络课程中教学实践活动的设计和建设——以《巴渝文化概论》为例［J］．现代教育技术，2010，20（6）：83－86.

［21］张鹏飞．中华优秀传统文化：高职教育人才培养深度改革的核心驱动［J］．职业技术教育，2019，40（32）：67－70.

［22］POLANYI K. Primitive, archaic and modern economies：essays of Karl Polanyi［M］. Boston：Beacon Press，1968.

［23］GRANOVETTER M. Economic action and social structure：the problem of embeddedness［J］. The American journal of sociology，1985，91（3）：481－510.